ERNSTFRIED HANISCH

In jeder Mücke steckt ein Elefant

Gute Gründe, sich über Kleinigkeiten aufzuregen …

… und Wege, wie Sie Ihr inneres Gleichgewicht wiederfinden

Unter Mitarbeit von Eva Wunderer

Deutscher Taschenbuch Verlag

Originalausgabe
Oktober 2009

www.dtv.de

Umschlagkonzept: Balk & Brumshagen
Umschlaggestaltung und Innenillustrationen: Lisa Helm
Satz: Bernd Schumacher
Gesetzt aus der Concorde 9,25/12,25˙
Druck und Bindung: Kösel, Krugzell
Gedruckt auf säurefreiem, chlorfrei gebleichtem Papier
Printed in Germany · ISBN 978-3-423-24740-5

Inhaltsverzeichnis

Vorwort

Manchmal genügt schon eine einzige, um unsere Ruhe zu stören: Gegen das nervtötende Summen einer Mücke in der Dunkelheit hilft kein Herumfuchteln in der Luft, keine Ohrfeige, die wir bei der Jagd uns selbst verpassen, wir müssen notgedrungen aufstehen, Licht machen und uns auf die Suche nach dem Plagegeist begeben. Ähnlich bei den Mücken des Alltags, den kleinen Ärgernissen, Missverständnissen oder Reibereien: Kehren sie immer wieder, lassen sie sich nicht verscheuchen und bringen sie uns wie auf Knopfdruck aus der Fassung, hilft der Rat, »mach doch aus einer Mücke keinen Elefanten!« nicht weiter.

Dieses merkwürdige und verstörende Sich-über-Kleinigkeiten-Aufregen kennt wohl jeder, ich erlebe es bei mir selbst und im Verhalten meiner Mitmenschen immer wieder. Auch ist es ein häufiges Thema in den Gesprächen, die ich als Psychotherapeut mit Klienten in meiner Praxis führe. Dabei fällt auf, dass die meisten nur den einen Wunsch haben, in solchen Augenblicken gelassener zu bleiben – was verständlich ist. Sie tun alles, um das unangenehme Gefühl so schnell wie möglich wieder loszuwerden. Der Gedanke, sich für die Gründe ihrer Aufregung zu interessieren, also bildlich gesprochen erst mal Licht zu machen, kommt selten auf, eher ärgern sie sich über ihre Empfindlichkeit. Das bedeutet aber, die Aufregung nicht ernst zu nehmen und sie als unangemessen zu betrachten, nur weil man sie auf Anhieb nicht erklären kann.

Auf dem Hintergrund psychoanalytischer und neuerer verhaltenstherapeutischer Modelle kann man jedoch in vermeintlichen Kleinigkeiten und der durch sie ausgelösten Irritation eine tiefere Bedeutung erkennen, die auf den ersten Blick nicht sichtbar ist. Aus meiner psychotherapeutischen Arbeit und aus alltäglichen Beobachtungen habe ich dazu einige Geschichten ausgewählt, die diese Zusammenhänge verdeutlichen werden. Dabei sind einige unwesentliche Details so weit verändert, dass einerseits ein Rückschluss auf konkrete Personen ausgeschlossen wird, andererseits der Bezug zu realen Erfahrungen erhalten bleibt. Bei der Suche nach den »guten Gründen, sich über

Kleinigkeiten aufzuregen«, stieß ich auf das weite Feld verletzter menschlicher Grundbedürfnisse und die meist untauglichen Versuche, sich gegen weitere Verletzungen zu schützen. Um sein inneres Gleichgewicht wiederherzustellen, ist es gut, die eigenen elementaren Bedürfnisse zu kennen und angemessene Strategien zu entwickeln, ihnen Geltung zu verschaffen.

Seit einigen Tagen
machst du mir ein bös' Gesicht.
Du denkst wohl,
ich soll fragen,
welche Mücke dich sticht.
Johann Wolfgang von Goethe

Kapitel 1

Von Mücken und Elefanten: Eine Einführung

Kein Mensch regt sich wirklich über Kleinigkeiten auf – auch wenn es manchmal den Anschein hat. Denn keine Aufregung kommt von ungefähr. Freilich ist das, was uns verstimmt, gar zur Weißglut bringt oder betroffen schweigen lässt, oft schwer zu erkennen. Im Hier und Jetzt sieht man nur die Mücke, ihr Stachel indessen kann etwas Tieferes in unserer Seele berühren. Einen empfindlichen Punkt etwa, entstanden aus kleineren oder größeren seelischen Verletzungen irgendwann in der Vergangenheit. Die Mücken, ins rechte Licht gerückt, werfen einen aufschlussreichen Schatten. In ihm kann man den Umriss eines Elefanten erkennen. Bei genauer Betrachtung zeigen sich dann die eigentlichen Beweggründe, die immer wieder zu Aufregungen über vermeintliche Kleinigkeiten führen.

Die folgenden Geschichten handeln von Menschen, die scheinbar wie aus heiterem Himmel von unangenehmen Gefühlen überfallen werden. Unangenehm sind sie auch deshalb, weil sie schwer zu verstehen und wieder loszuwerden sind. Die handelnden Personen erleben also eine dreifache Frustration: Sie fühlen sich schlecht, erkennen die Zusammenhänge nicht und können ihr Gefühl nicht unter Kontrolle bringen.

Stress aus geringfügigem Anlass: Vier kleine Geschichten

■ Unberechtigte Anschuldigung – die Geschichte von Elisabeth

Elisabeth G. wohnt mit ihrem Mann in einem Mietshaus. Sie hält zu ihren Nachbarn freundlichen Kontakt, ist immer bereit zu einem Plausch, auch wenn ihr manchmal das Gerede auf die Nerven geht.

10 Uhr abends, ihr Mann ist noch nicht zu Hause. Elisabeth will gerade ins Bett gehen. Plötzlich klingelt es an der Tür, schrill und eindringlich. Erschrocken und verwirrt öffnet sie. Ihre Nachbarin steht aufgebracht vor ihr und fährt sie an: »Was fällt Ihnen ein, um diese Zeit noch die Bohrmaschine zu benutzen!«

»Ich weiß nicht ..., aber ich besitze doch gar keine« ist alles, was Elisabeth über die Lippen bringt. »Dann war es wohl ein Stockwerk tiefer, Unverschämtheit, um diese Zeit!« Die Nachbarin braust davon, den Rest ihrer Worte verschluckt das unter ihren wütenden Schritten ächzende Treppenhaus. Elisabeth hört sich selbst noch sagen: »Tut mir leid«, dann schließt sie die Tür. Sie zittert leicht. Ihr erster Gedanke: »Hoffentlich glaubt sie mir, dass ich es nicht gewesen sein kann!« Sie geht zu Bett. Ihre Aufregung will nicht weichen. Als ihr Mann nach Hause kommt, erzählt sie ihm, was sie gerade erlebt hat. Sein Ärger gilt der Nachbarin, die mit ihren falschen Anschuldigungen seiner Frau so zugesetzt hat. Seinen Vorschlag, sich morgen bei ihr zu beschweren, lehnt Elisabeth vehement ab, nichts kann sie beruhigen. Er wird ungeduldig: »Jetzt schlaf erst mal, es ist doch nichts passiert!«

■ Kein Sachschaden – die Geschichte von Stefan

Stefan K. kommt nach einem Spaziergang zu seinem Auto zurück. Aus einiger Entfernung bemerkt er, wie ein anderer Autofahrer beim Ausparken die Stoßstange seines neuen Fahrzeugs touchiert und offensichtlich wegfahren will. Zornentbrannt rennt Stefan los, gestikuliert und brüllt: »Sie wollen wohl Fahrerflucht begehen!« Der andere hat ihn im Rückspiegel bemerkt, steigt aus und fragt, was denn los sei, er habe sein Auto doch nur ganz leicht berührt. Beide untersuchen die Stoßstangen auf das Genaueste. Es ist nichts zu erkennen. Stefan ist nicht zu beruhigen. Immer noch nach Luft ringend beharrt er: »Nennen Sie mir sofort Ihre Versicherungsgesellschaft oder ich zeige Sie bei der Polizei an!« Der beschuldigte Fahrer reagiert kühl: »Das können Sie gerne machen. Sie sehen doch, es ist nichts passiert.« Die Antwort: »Der Wagen muss in der Werkstatt vermessen werden. Es können innere Verletzungen sein [wörtlich!].« Der andere schüttelt nur den Kopf und fährt los. Stefan rennt noch einige Meter hinterher, fuchtelt – wie um größer zu wirken – mit den Händen in der Luft, seinem wütenden Nach-Ruf »Bleiben Sie sofort stehen!« gehorchen nur einige unbeteiligte Passanten.

Noch nach einer Woche – die Autowerkstatt hat längst Entwarnung gegeben – erzählt Stefan seinen Freunden voller Ärger von diesem Vorfall.

Immer Ärger mit den Socken – die Geschichte von Anna und Peter

Anna und Peter S. sind seit drei Jahren verheiratet. Gemeinsam bewohnen sie eine großzügige Stadtwohnung. Anna ist derzeit Hausfrau, Peter leitender Angestellter. Wieder einmal kommt Peter abgespannt erst um acht Uhr abends aus dem Büro nach Hause. Annas Begrüßungsfrage »Wie war der Tag?« beantwortet Peter nur mit einem leisen Stöhnen und lässt sich, nachdem er Mantel, Jackett und Krawatte abgelegt hat, in einen Sessel fallen. Anna kennt diesen Gestus, der sagen will: »Die Batterie ist leer, ich brauche Ruhe!« Auf eine Nachfrage etwa nach ihrem Befinden wartet sie in solchen Situationen vergebens. Sie beschränkt sich daher auf die Bemerkung: »In der Küche ist noch etwas zu essen.« Und mit gereiztem Unterton: »Es wäre schön, wenn du nachher deine Socken und die Zeitungen im Schlafzimmer aufräumen würdest.« Peter daraufhin mit ärgerlicher Stimme: »Fängst du schon wieder damit an? Gibt es denn nichts Wichtigeres zu besprechen?« Anna, nun deutlich lauter: »Das fragst du mich? Kaum bist du zu Hause, verkriechst du dich gleich hinter deiner Zeitung. Was mit mir ist, scheint dich weniger zu interessieren als der Wirtschaftsteil oder was immer du da so dringend lesen musst.« Peter rutscht tiefer in seinen Sessel, seine Haltung ist nicht entspannt, eher Ausdruck eines inneren Rückzugs. Mit der flachen Hand fährt er sich über die Stirn, als glätte er seine Ärgerfalten. Um einen Streit zu vermeiden, bemüht er sich um Versöhnlichkeit, auch weil er sich an sein wiederholtes Versprechen, nichts herumliegen zu lassen, erinnert: »Tut mir leid. Ich hatte es heute Morgen wirklich eilig.« Die Luft ist drückend. Kündigt sich ein Gewitter an?

Misslaunige Ankunft im Urlaub – die Geschichte von Sebastian

Sebastian D. fährt zusammen mit seiner Frau Sophia in den Winterurlaub. Sie haben mit einem befreundeten Paar eine Berghütte gemietet. Sebastian fühlt sich erschöpft nach den beruflichen Anstrengungen der letzten Monate. Seine Aufgaben als Projektleiter für Software-Installationen waren und sind mit erheblichen innerbetrieblichen Konflikten und Machtkämpfen verbunden. Einerseits ist er froh, für einige Zeit den ständigen Anforderungen zu entfliehen, andererseits bedrückt ihn die Sorge, Kollegen könnten in seiner Abwesenheit versuchen, sich in seinem Terrain breitzumachen. Womöglich werden wichtige Entscheidungen ohne ihn getroffen … Der Anblick der tief verschneiten Berglandschaft und Vivaldis »Vier Jahreszeiten« aus dem Radio holen ihn zurück in die Gegenwart und in die Vorfreude auf zwei Wochen Schifahren, Schlafen, unterhaltsame Abende und gutes Essen.

Beim Thema Essen überlegt er, ob sie wohl genügend Proviant eingekauft haben, die Hütte ist nämlich nicht bewirtschaftet. Eigentlich hatte er erwartet, dass seine Frau, die engeren Kontakt zu diesen Freunden pflegt – wie auch zu den meisten anderen –, das geregelt hätte. Da sie leider auch nicht daran gedacht hat, erkundigt er sich per Handy. Sein Freund ist am Apparat und erklärt, wie ihm scheint, etwas kurz angebunden: »Kauft ihr ein, was ihr braucht, wir haben für uns schon gesorgt.« Sebastians Stimmung verdüstert sich. Er fühlt sich auf unbestimmte Weise enttäuscht und verunsichert. Den Rest der Fahrt bleibt er einsilbig und nach der Ankunft in der Hütte zieht er sich rasch auf sein Zimmer zurück, er fühlt wieder seine Müdigkeit und hat keine Lust auf Unterhaltung. Wohlwollende Nachfragen seiner

Frau, was denn mit ihm los sei, steigern nur sein abweisendes Verhalten.

Da klingelt sein Handy. Einer seiner Mitarbeiter ist dran und entschuldigt sich für die Störung, betont aber, wie dringend er den Rat von Sebastian bei der Lösung eines gerade aufgetretenen Problems benötige. Sebastian ist auf diesem Gebiet ein ausgewiesener Experte. Er hat den richtigen Einfall. Sein Kollege ist spürbar erleichtert, bedankt sich und verabschiedet sich, nicht ohne sich nochmals zu entschuldigen. Beim Auflegen fühlt sich Sebastian wie verwandelt, Müdigkeit und schlechte Stimmung sind verflogen. Er gesellt sich wieder zu seinen Freunden und verbringt den Abend in bester Laune.

Für den einen die Mücke, für den anderen ein Elefant

Vielleicht kennen Sie selbst das auch: Plötzlich überfällt Sie eine negative Stimmung, ohne Vorwarnung und ohne triftigen Grund, eben wie »aus heiterem Himmel«. Sie empfinden Ärger oder Trauer, werden verschlossen oder wütend, wissen nicht, wie Ihnen geschieht. Auf Nachfrage anderer finden Sie keine Erklärung und sind über die Störung selbst verstört oder verärgert.

Ihr Gegenüber reagiert mit Verwunderung, Unverständnis oder Vorwürfen:

»Was ist plötzlich mit dir los?«

»Sei nicht so empfindlich!«

»Nimm es nicht gleich persönlich!«

»Lass doch die Kirche mal im Dorf!«

Unsere Antworten auf solche Kommentare können sehr unterschiedlich sein.

Verleugnend: »Es ist nichts.«

Bagatellisierend: »Ich bin halt gerade nicht in guter Laune.«

Selbstanklagend: »Ich komme mir selbst so blöd vor!«

Schuldzuweisend: »Du weißt doch, dass ich es nicht leiden kann, wenn du deine schmutzigen Socken liegen lässt / wenn du mich in diesem Ton anredest / wenn wir wegen dir wieder zu spät kommen / wenn alles an mir hängen bleibt …«

Keine dieser Reaktionen bringt Entspannung, eher münden sie in Eskalationen oder nachhaltige Verstimmungen.

Zweifellos kann kein Mensch von sich erwarten, dass er sich immer ausgeglichen, stark, optimistisch, mutig, selbstbewusst, kontrolliert und allen Anforderungen gewachsen fühlt. Das wäre ein stark überzogener Anspruch. Unangenehme Gefühle wie Ärger, Angst, Sorge, Scham, Kränkung oder Enttäuschung sind also zunächst einmal ganz normale Reaktionen. Ebenso normal ist, dass wir sie nicht gerne erleben, sie möglichst vermeiden oder rasch wieder loswerden wollen. Häufig bemühen wir uns, sie vor anderen zu verbergen. Wir haben gelernt zu unterscheiden, welche Gefühle in welcher Situation erwünscht oder unerwünscht, berechtigt oder unberechtigt sind. Dies hat weitreichende Konsequenzen: Unterdrücken wir Gefühle, die wir vermeintlich nicht haben sollten, wird der Zugang zu wichtigen Bedürfnissen verschüttet. Dieser Zusammenhang wird uns noch ausführlich beschäftigen.

Wenn wir angeblich aus einer Mücke einen Elefanten machen, spüren wir zwar noch den starken Affekt, können ihn aber nicht plausibel dem aktuellen Anlass zuordnen. Dieser erscheint uns zu unbedeutend und wird so vom »gesunden Menschenverstand« als »Kleinigkeit« abgetan: Gefühle, die man sich und anderen nicht erklären kann, werden im Besonderen als unangemessen, peinlich, verstörend oder befremdlich empfunden. Sie können sogar als verrückt oder krankhaft diskreditiert werden.

Erkennbare und verborgene Ursachen

Von außen betrachtet können wir einen Anlass dann als banal – also als Mücke – bezeichnen, wenn er etwa auf rein sachlicher Ebene ohne größeren Aufwand aus der Welt zu schaffen wäre. Peter könnte seine Socken ohne viel Mühe aufräumen. Also drängt sich der Verdacht auf, dass es gar nicht um die Socken geht. Allerdings sind die eigentlichen Ursachen schwer erkennbar.

Anders verhält es sich, wenn die Gründe für unseren starken Affekt auf der Hand liegen. In solchen Situationen kommen wir in keine Erklärungsnot, etwa bei:

- einer offensichtlichen Missachtung,
- einer wiederkehrenden Ungleichbehandlung
- einem schwerwiegenden Verlust,
- einem objektiv bedrohlichen Ereignis,
- aktueller Arbeitsüberlastung,
- einer Anhäufung von Ärgernissen,
- einem Berg von unerledigten Aufgaben,
- akuten Sorgen oder
- körperlichen Schmerzen.

Solche Belastungen bedeuten Stress und machen uns reizbar. Unangenehme Kleinigkeiten, die hinzukommen, mag manche/r mit dem Stoßseufzer quittieren: »Das hat mir gerade noch gefehlt, als hätte ich nicht schon genug auszuhalten!« Wir spüren dabei noch, was alles an unseren Nerven zerrt, und wissen, dass es gerade der berühmte Tropfen ist, der das Fass zum Überlaufen bringt. Manchmal sieht man aber vor lauter Wald die Bäume nicht mehr. Alles wächst uns irgendwie über den Kopf, wir fühlen uns nur noch gestresst und erkennen die vielfältigen Ursachen nicht mehr. Gründe für Aufregungen können somit
- leicht oder schwer erkennbar sein und
- in der Gegenwart (bzw. jüngsten Vergangenheit) liegen oder unter den Schichten der Zeit tief verborgen sein.

Daraus ergeben sich vier mögliche Zuordnungen:

	leicht erkennbare Ursachen	schwer erkennbare Ursachen
aus der Gegenwart	wahrgenommene aktuelle Belastungen	angesammelter Stress, dessen Ursachen uns im Einzelnen nicht bewusst sind, die wir uns aber bei genauerem Nachdenken erklären können
aus der Vergangenheit	deutliche frühere Belastungen und offensichtlicher Zusammenhang mit der aktuellen Aufregung	keine oder nur vage Erinnerungen an frühere Belastungen: hier sind *die verborgenen Elefanten*

Altes und Neues, Offensichtliches und Verborgenes werden sich oft vermischen, dennoch ist es wichtig, sich diese unterschiedlichen Entstehungsbedingungen zu vergegenwärtigen, denn im Falle eines verborgenen Elefanten (rechtes unteres Feld, S. 19) besteht die Gefahr, dass wir die Ursachen für die Aufregung am falschen Ort bekämpfen.

Unser Thema sind die schwer erkennbaren Gründe, die in der Vergangenheit liegen; wir werden versuchen, ihnen auf die Spur zu kommen. Die Themen der beiden oberen Felder betreffen u. a. Fragen des eigenen Stress- und Zeitmanagements (dazu gibt es ja bereits zahlreiche Ratgeber).

Den Unterschied zwischen einer begreiflichen und einer schwer erklärlichen Aufregung mag ein Bild verdeutlichen: Stellen Sie sich vor, Sie müssten während einer Wanderung einen reißenden Bach auf einem Baumstamm überqueren. Jedermann würde Ihr Zögern verstehen, das Ganze als Wagnis empfinden, ein Überschreiten als bestandene Mutprobe. Ihre Angst wäre für jeden Betrachter nachvollziehbar. Läge der Stamm jedoch auf sicherem Boden, wäre es nur eine Geschicklichkeitsübung, die den meisten Menschen nicht schwerfiele. Zeichen von Furcht würden in diesem Fall auf Unverständnis stoßen. Hätten wir dennoch Angst, wäre es schwierig, eine Gefahr zu benennen, die Herausforderung erschiene anderen als Mücke.

Unangenehme Gefühle sind in ihrer Funktion vergleichbar mit körperlichen Schmerzen, die uns signalisieren, dass etwas nicht in Ordnung ist. Wir fragen uns, was der Schmerz bedeuten könnte, und konsultieren gegebenenfalls einen Arzt, der dann eine Behandlung einleitet. In unserem Fall brauchen wir keinen Mediziner und auch keinen Psychotherapeuten: Wir können, wenn der Grund unseres Stimmungseinbruchs nicht offenkundig ist, uns erst einmal selbst auf Spurensuche begeben.

Individuelle Verarbeitungsmuster: Wie aus Mücken Elefanten werden

Wie entsteht unsere Erklärungsnot für unangenehme Gefühle bei scheinbar nichtigen Anlässen? Die Antwort ist einfach: Der eigentliche Grund ist uns nicht bewusst. Er liegt irgendwo in der

Vergangenheit und ist gewissermaßen verborgen unter Schichten von Erfahrungen, von denen die allermeisten unserem Gedächtnis nicht beliebig zugänglich sind. Es ist vollkommen normal, dass für uns nur in kleinen Ausschnitten erkennbar ist, warum wir etwas in einer bestimmten Weise erleben oder warum wir so oder so handeln. Das ist von der Natur aus gutem Grund so eingerichtet. Unser Denken wäre hoffnungslos überfordert, wenn wir uns permanent alle relevanten Erfahrungen und Bedeutungszusammenhänge vergegenwärtigen müssten, um uns zurechtzufinden. Das erledigt unser Gehirn automatisch. Das Resultat dieser Verarbeitungsprozesse ist ein komplexes Gebilde aus Erwartungen, Annahmen und Regeln. Wir befolgen diese und können sie gleichwohl meist nicht benennen. Ähnlich verhält es sich, wenn wir sprechen lernen: Wir entwickeln ein Sprachgefühl ohne Kenntnis grammatikalischer Regeln.

Die Annahmen und Regeln bestimmen wesentlich unser Bild von der Wirklichkeit: also was wir wahrnehmen, was wir fühlen, was wir wünschen und erwarten können und was in der jeweiligen Situation zu tun ist. Im Laufe unseres Lebens bilden wir individuelle Verarbeitungs- und Handlungsmuster, sogenannte Schemata, die wir automatisch anwenden, wenn wir mit einer bestimmten Situation konfrontiert sind. Schemata helfen uns, die Welt und uns selbst als etwas Vertrautes wahrzunehmen. Sie sind das Fundament für unsere Orientierung in der Welt. Schemata bilden sich aus der Summe der Erfahrungen unserer Lebensgeschichte. Sie sind geprägt durch Vorbilder und spiegeln die Art und Weise, wie mit uns umgegangen wurde und wie wir gelernt haben zu reagieren. Positive wie negative Erfahrungen werden in ihnen verarbeitet und gespeichert. Die entstandenen Muster werden so lange aufrechterhalten, bis eine veränderte Wirklichkeit ihre Anpassung erfordert. Dies kann irritierend oder ängstigend sein. Wir halten daher nicht selten an ihnen fest, auch wenn sie uns mehr Schwierigkeiten bereiten als Nutzen bringen. Was nicht in das vorhandene Schema hineinpasst, wird ausgeblendet oder umgedeutet. Ist ein Schema sozusagen veraltet und der heutigen Situation nicht mehr angemessen, trübt es den Blick auf die Möglichkeiten der Gegenwart. Es gibt also funktionale (angemessene) und dysfunktionale (d.h. ungünstige) Schemata.

Wer beispielsweise überzeugt ist, nur dann ein wertvoller Mensch zu sein, wenn er beruflich Erfolg hat, filtert aus, was ihm sonst noch zu einem Wertgefühl verhelfen könnte, und handelt einseitig nach der Regel: »Ich muss mich anstrengen, fleißig sein, meine Karriere planen, Statussymbole erwerben …!« Schon kleine Misserfolge führen dann zu Verunsicherung und Selbstzweifeln und zu mehr oder weniger geeigneten Schutzmaßnahmen. Die Elefanten, die wir in diesem Buch aufstöbern wollen, gehen auf solche ungünstigen Schemata zurück. Ein Elefant, der in der Mücke steckt, hat seinen Ursprung in negativen Erfahrungen im Umgang mit wichtigen Bedürfnissen in verschiedenen Lebensaltern. Die Verletzung solcher Bedürfnisse hinterlässt Spuren: wunde Punkte und innere Programme zum Selbstschutz. Werden sie aktiviert, kämpfen wir um die Achtung und Erfüllung von Grundbedürfnissen – oft ohne sie allerdings selbst benennen zu können. Statt uns zu fragen, was wir in einer unangenehmen oder verletzenden Situation wirklich brauchen, versuchen wir, so rasch es geht, uns vor unangenehmen Gefühlen zu schützen. Den meisten Menschen fällt es erfahrungsgemäß schwer, mückenhafte Ereignisse als Hinweise auf grundlegende Bedürfnisse, die verletzt wurden, zu werten.

■ Frustrierte Grundbedürfnisse: Elefantöse Folgen

Auch wenn unsere Eltern überzeugt waren, »nur zu unserem Besten« zu handeln, muss das nicht bedeuten, dass ihre Erziehung uns tatsächlich geholfen hat, unsere eigenen Wünsche und Bedürfnisse zu erkennen und zu verwirklichen. Einem Kind in seiner Individualität gerecht zu werden, ist keine leichte Aufgabe. Für manches sind wir unseren Eltern dankbar, anderes hat uns möglicherweise geschadet. Die Generation beispielsweise, die in den Nachkriegsjahren aufgewachsen ist, hat häufig eine Erziehung zu Anpassung, Pflicht- und Normerfüllung erfahren. Also beispielsweise zu essen, »was auf den Tisch kommt«, sich bei Geschenken zu bedanken und erfreut zu zeigen, auch wenn man eigentlich nichts damit anfangen kann, selbst solche Besuche willkommen zu heißen, die einem nur die Zeit stehlen, oder keine kritischen Fragen zu stellen.

Wer sich so verhält, hat als Kind gelernt: »Es ist wichtiger, sich selbst zu verleugnen und Erwartungen anderer zu erfüllen, als seine eigenen Gefühle und Bedürfnisse zu beachten und auszudrücken!«

Kein Wunder, wenn man auf diese Weise das intuitive Wissen über seine Grundbedürfnisse und die Bedeutung seiner Gefühle verloren hat und nicht mehr spürt, was man selbst wirklich will. Ein Zustand »wunschlosen Unglücklichseins« kann die Folge sein. Man hat dann gewissermaßen die inneren Antennen für das, was einem guttut, abgeschaltet und ist nur mehr für die Erwartungen anderer empfänglich. Besonders im beruflichen Bereich sind wir Sachzwängen, Rollen und Richtlinien unterworfen, und abends wollen wir dann nur noch »unsere Ruhe« haben – ein wahrhaft klägliches Überbleibsel unserer Wünsche, die so viel mannigfaltiger sein könnten, wenn wir nur in der Lage wären, sie zuzulassen!

Bei solch überwiegender Fremdbestimmung steigt die Gefahr, durch kleinste Irritationen aus der Haut zu fahren oder sich beleidigt zurückzuziehen. Träte offen zu Tage, was wir in unserer Vorgeschichte schon alles hintergeschluckt haben, wüssten wir, welche Bedürfnisse chronisch unbefriedigt geblieben und welche wunden Punkte folglich entstanden sind. Wir könnten bei einem möglichen Vorwurf, wir machten aus jeder Mücke einen Elefanten, unsere Reaktion erklären und damit entkräften. Doch ohne diesen Blick auf unser Innenleben haben wir selbst und unsere Mitmenschen kaum eine Chance, die tiefere Bedeutung unserer Missstimmung zu verstehen.

Ob wir es wollen oder nicht: Wunde Punkte melden sich immer wieder und aktivieren alte problematische Schemata mit den entsprechenden unangenehmen Gefühlen. Es ist wie bei manchen Würfelspielen: Wir würfeln uns auf ein Feld, auf dem geschrieben steht: »Gehe zurück auf …!« Auf welches Feld, d.h. auf welche Lebensphase wir verwiesen werden, ist unserem Gedächtnis nicht ohne weiteres zugänglich.

Was wir zunächst brauchen, ist Achtsamkeit gegenüber den eigenen Gefühlen und den Gefühlen anderer. Vor allem dann, wenn wir Gefühle als unangenehm erleben, können sie ein Hinweis auf die Vernachlässigung wichtiger Bedürfnisse sein. Es verhält sich wie mit der Luft zum Atmen: Wenn etwa beim Bergwandern die Luft dünner wird und unsere Anstrengung größer, so zwingt uns der Sauerstoffmangel, uns auszuruhen. Genauso sinnvoll wäre es, bei plötzlichen Stimmungsänderungen ein wenig innezuhalten und zu bedenken, welchem Mangelzustand wir gerade ausgesetzt sind.

Was also geschähe in den eingangs beschriebenen Situationen, wenn Elisabeth, Stefan, Anna und Sebastian innehielten, um nachzudenken? Betrachten wir dazu doch einmal das Beispiel von Anna, die sich mit ihrem Mann über dessen mangelnde Ordnungsliebe streitet.

Der Elefant in den Socken: Beispiel eines Paarkonflikts

Der Konflikt zwischen Anna und Peter scheint alltäglich, der Unmut Annas bis zu einem gewissen Grade nachvollziehbar. Unterschiedliche Ordnungsvorstellungen sind beim Zusammenleben tatsächlich nicht leicht auf einen Nenner zu bringen. Das ist aber nur die eine Ebene des Konflikts. In Annas erheblicher und anhaltender Verstimmung verbirgt sich noch etwas anderes – es lohnt, nach den tiefer liegenden Gründen zu suchen. Die nähere Betrachtung wird uns zeigen, wie wichtige Grundbedürfnisse zweier zusammenlebender Menschen in Widerstreit geraten können, und wie schwierig es sein kann, den Elefanten in seiner vollen Größe zu erkennen.

Werfen wir einen ersten Blick auf den Lebenshintergrund der beiden:

Anna und Peter haben sich vor fünf Jahren in Köln kennengelernt, wo sie zwei Jahre später heirateten. Anna, eine attraktive 34-jährige Frau, hatte einige Zeit zuvor als Betriebswirtschaftlerin eine erfolgversprechende Stelle als Projektleiterin in einem mittelständischen Unternehmen angetreten. Bevor sie Peter begegnete, hatte sie als Single gelebt. Peter, drei Jahre älter als seine Frau, war in München aufgewachsen, hatte dort ein Jurastudium abgeschlossen und war in einem internationalen Konzern zum Abteilungsleiter aufgestiegen. Eine neue berufliche Herausforderung führte ihn nach Köln, was er als glückliche Fügung empfand, da er dort nicht nur Anna kennenlernte, sondern ihm auch die freundliche »rheinische Lebensart« sehr zusagte. Seine neuerliche Berufung in die Münchner Konzernzentrale stellte vor allem Anna vor einen schwerwiegenden Konflikt: Sollte sie ohne klare berufliche Perspektive auf ihren Job verzichten und ihren Freundeskreis zurücklassen? Sein Angebot, in Köln zu bleiben und sich eine neue Stelle zu suchen, erschien ihr halbherzig. Ihre Liebe zu Peter und maßgeblich ihr Wunsch, mit ihm eine Familie zu gründen, ließen sie schließlich in den Umzug nach München einwilligen. Die Ehe war bisher kinderlos geblieben, was vor allem Anna bedrückte.

Anna und Peter kamen in meine Praxis mit dem Wunsch nach einer Partnerschaftsberatung. Diese war vor allem Annas Anliegen, Peter willigte ein, weil er unter ihrer »ständigen Unzufriedenheit« litt. Er beklagte sich, dass ihre Nörgelei ihn allmählich zur Verzweiflung bringe. Die häufigen Streitereien aus »nichtigem Anlass« halte er nicht mehr lange aus. Die Gründe für ihren Ärger waren zwar plausibel, die Heftigkeit ihrer anhaltenden Vorwürfe aber erklärungsbedürftig. Entsprechend fühlte sich Peter im Recht, das Thema seiner nicht aufgeräumten Socken (meist ging es um Ordnungsfragen) als Lappalie mit einem Kopfschütteln abzutun oder mit ärgerlichem Stirnrunzeln zu quittieren. Seine Lösungsvorschläge: »Ich räume sie später auf« oder bei fortgeschrittener Konfliktspannung: »Wenn sie dich stören, dann räume sie doch einfach selbst weg«, waren nachweislich kontraproduktiv. Die Bedeutung herumliegender Socken war beiden Seiten offensichtlich verschlossen, die tieferen Gründe für die Aufregung und den Dauerstreit daher bislang kein Gesprächsthema.

Auch Annas Erklärungen brachten kaum Erkenntnisgewinn: »Ich mag das einfach nicht!« Dem Elefanten war sie schon eher auf der Spur, wenn sie sich mit dem Satz Luft machte: »Ich bin doch nicht dein Dienstmädchen!« Seine übliche Antwort war so verständlich wie nutzlos: »Nein, natürlich nicht, nimm es doch bitte nicht gleich so persönlich!« Gelegentlich reagierte Peter gereizt mit spöttischem Unterton: »Wenn es dich glücklich macht, lass ich meine Socken in Zukunft nie mehr liegen.« Um dann – an seinen Zusatz musste ihn Anna erinnern – fortzufahren: »... damit das Genörgel endlich aufhört!« Manchmal war seine Antwort konstruktiver, etwa: »Ich werde mich in Zukunft bemühen ...« Anna darauf: »Schön wär's! Im Übrigen, wenn du nicht einsiehst, dass man Ordnung halten muss, hat es eh keinen Sinn.« Und als weiteren Kommentar, den sie im Paargespräch hinzufügte: »Ich schenke seinen halbherzigen Versprechungen ohnehin keinen Glauben mehr.«

Offensichtlich gehören die Socken bei Anna und Peter nicht nur in den Wäschesack, sondern auch in die Beziehungskiste. Alle Versuche, das Problem »sachlich« zu lösen, waren bisher unbefriedigend verlaufen und hatten in eine Sackgasse geführt.

Stünde Anna klar vor Augen, was sie in ihrem jetzigen Leben vermisst, könnte sie vielleicht sagen: »Ich bin häufig gereizt, weil ich unzufrieden bin. Ich vermisse Anerkennung und Wertschätzung für das, was ich leiste. Mein Alltag besteht zu fünfzig Prozent aus dem Bemühen, Ordnung zu halten. Wenn ich doch wenigstens einen interessanten Job fände!« Und bei weiterem Nachdenken: »Im Grunde wäre es zwar eine Entlastung und Anerkennung meiner Arbeit, wenn du mich dabei mehr unterstützen würdest. Aber soll denn mein höchstes Glück darin bestehen, dass ich einen perfekten Haushalt führe? So habe ich mir mein Leben in München nicht vorgestellt! Wie lange soll ich noch warten, bis sich mein Kinderwunsch erfüllt?« Was sie spürte, sich aber nicht auszusprechen erlaubte, war: »Ich bin im Grunde neidisch auf dich. Dass du deinen Beruf ausüben kannst, dass du Anerkennung erfährst, Erfolge erlebst, ja manchmal neide ich dir sogar deine Probleme, weil es in deinem Beruf um wichtige Dinge geht.«

Somit wären die Umrisse eines Elefanten in Sicht. Gewiss fällt ein Eingeständnis tief greifender Unzufriedenheit nicht leicht, könnte es doch weitreichende Konsequenzen haben. Dass sie häufig gereizt war, weil elementare Bedürfnisse wie Anerkennung, Verständnis und Selbstbestimmung unerfüllt blieben, hatte Anna bisher nicht gesehen. Sie hatte Angst, sich genauer mit ihrer Unzufriedenheit auseinanderzusetzen, und so blieben ihr die zugrunde liegenden Ursachen verborgen.

Ihre Eltern hatten ihr vorgelebt, dass man vor allem seine Pflicht erfüllen und sich dieser unterordnen muss. Man fragt nicht, ob einem das Leben gefällt oder nicht. Man tut, was getan werden muss. Entsprechend besteht Annas inneres Programm zu einem wesentlichen Teil aus Imperativen wie: »Ich muss mich um andere kümmern!«, »Ich darf nicht egoistisch sein!« oder: »Ordnung ist das halbe Leben!« Anna handelt, als sei sie überzeugt, dass das Bemühen um perfektionistische Standards das geeignete Mittel sei, ihr Leben »in Ordnung zu halten« – nach dem Motto: »Erfülle die Normen und du hast dein Leben und alle Gefahren, die durch ungelebte Wünsche deine Sicherheit in Frage stellen könnten, unter Kontrolle!« Es hat den Anschein, als greife sie auf ein unreflektiertes elterliches Vorbild und Erziehungsmuster zurück: Frag nicht nach, halte es einfach aus!

Was so engstirnig erscheint und Annas differenziertem Reflexionsvermögen widerspricht, ist ein Schutzmechanismus ihrer Seele gegenüber konfliktträchtigen Fragen nach Sinnerfüllung und Zufriedenheit. Es ist für sie – und ihren Mann – leichter, sich über Socken aufzuregen, als die Frustration wichtiger Grundbedürfnisse zu thematisieren. Diese oberflächliche Art der seelischen Verarbeitung von Unzufriedenheiten ist ohne einen genaueren Blick auf die Lebensgeschichte nicht verständlich. Sie passt auch nicht zu Annas Erscheinungsbild, ihrem sicheren Auftreten, ihrer beruflichen Kompetenz, ihrer äußeren Selbständigkeit. Um Annas Gefühle und Reaktionen nachvollziehen zu können, müssen wir uns gleichsam in tiefere Schichten vorarbeiten. Bei der Betrachtung ihrer Lebensgeschichte (siehe S. 65ff.) wird ihr Elefant Gestalt annehmen.

Peter stand bisher nicht im Fokus der Betrachtung. Für ihn liegt die Brisanz des Themas in der wiederkehrenden Unzufriedenheit seiner Frau. Denkt er ein wenig mehr darüber nach, stört ihn im Grunde weniger die ständige Nörgelei, sondern er ist darüber beunruhigt, dass sie mit ihm nicht glücklich ist. Er hat Angst, ihr nicht geben zu können, was sie braucht. Er fühlt sich für ihr Wohlergehen verantwortlich, zumal sie seinetwegen und aufgrund des Kinderwunsches ihre beruflichen Ambitionen zurückgestellt hat. Gleichzeitig möchte er nicht auf seine Karriere und die damit verbundene Anerkennung verzichten. Aus diesem Dilemma entstehen schwelende Schuldgefühle, die Peter sich freilich nur ungern eingesteht. Mit dem Elefanten, den wir hier erahnen können, werden wir uns noch beschäftigen.

Bei dieser Auseinandersetzung wird zudem deutlich, dass das Paar sich keineswegs einig sein dürfte, ob es sich bei den herumliegenden Socken um eine Mücke oder einen Elefanten handelt. Peter spielt den Sockenstreit als lästig herunter, Anna spürt dagegen eine Frustration von erheblichem Gewicht. Peter möchte die Angelegenheit als »Mücke« abtun, um einem schwierigen Konflikt aus dem Weg zu gehen. Anna dagegen gibt keine Ruhe. Sie will sich mit ihrem Bemühen um Ordnung durchsetzen und Gehör für ihr Anliegen finden. Ob also in einer Mücke ein Elefant steckt, ist Ansichtssache. Je nach Interessenslage kann man schon über diese Frage vortrefflich streiten. Allerdings dürften beide ahnen, dass es sich um Elefanten handelt, nur wollen sie es nicht wahrhaben.

Was Sie von diesem Buch erwarten können

In den Geschichten können Sie sich oder Ihre Mitmenschen, Freunde, Partner, Kollegen möglicherweise wiedererkennen. Es sind einfache, aber emotional merkwürdig aufgeladene Alltagssituationen, die man häufig übergehen möchte. Betrachtet man sie im Zusammenhang mit früheren Erlebnissen, ergibt sich ein deutlicheres Bild. Der aktuelle Stimmungseinbruch ist wie ein Echo aus der Vergangenheit.

Ich möchte Sie also anregen, über zunächst schwer verständliche Gefühlsreaktionen nachzudenken, um dadurch ihre Bedeutung besser zu verstehen. Nur so können wir unsere zugrunde liegenden elementaren Bedürfnisse erkennen. Wiederkehrende unverständliche Affekte aus banalem Anlass signalisieren die Spitze eines Eisbergs. Das Eigentliche bleibt verborgen und wird nur indirekt kommuniziert. Das Thema an der Oberfläche greift zu kurz. Gehen wir das Problem rein sachlich an, spüren wir deutlich, dass es so nicht zu lösen ist.

Wenn wir aus geringfügigem Anlass in einen unangenehmen Gefühlszustand geraten, kann dies also bedeuten, dass wir nicht nur auf die aktuelle Situation reagieren, sondern emotional Vergangenheit und Gegenwart vermischen. Dann sind alte Gefühle wachgerufen worden und alte Verarbeitungsmuster aktiviert, die in der aktuellen Lebenssituation die Erfüllung unserer Bedürfnisse eher behindern als fördern. Diese Muster können zu erheblichen Irritationen im menschlichen Miteinander führen. In einer manchmal weit zurückliegenden Vergangenheit waren sie häufig die besten der zur Verfügung stehenden Bewältigungsmöglichkeiten. Insofern sind sie zu würdigen als ein – wenn auch überholter – Lösungsversuch.

Wer beispielsweise Angst hat, die Zuneigung eines geliebten Menschen zu verlieren, könnte bemüht sein, es dem anderen immer recht zu machen; wer sich schnell ausgeschlossen fühlt, zieht sich lieber selbst zurück. Beide Muster haben manchmal Vorteile, können aber zum Problem werden, wenn sie nicht flexibel an neue Situationen angepasst werden können. Lösungsstrategien, die früher wirksam gewesen sind, überdauern. Sie waren ja einmal ganz nützlich und sind uns sehr vertraut. Und nur zu gerne greifen wir deshalb unbesehen darauf zurück, wenn wir uns bedroht oder unsicher fühlen. Jeder weiß, wie schwer es fällt, in Stresssituationen etwas Neues auszuprobieren.

Das Buch ist so konzipiert, dass sich Ihr Verständnis für Affekte aus banalem Anlass Schritt für Schritt vertiefen wird. Ich werde das am Beispiel der Protagonisten unserer Eingangsepisoden demonstrieren, auf die ich entsprechend immer wieder zurückkomme. Fragen, die sich Ihnen beim Lesen stellen mögen, werden so ihre Antwort finden.

Was mit dem Bild vom verborgenen Elefanten, das wir im *2. Kapitel* genauer kennenlernen werden, erläutert werden soll, basiert auf wissenschaftlichen Erkenntnissen der Psychoanalyse, Kognitiven Verhaltenstherapie, Schematherapie und Persönlichkeitstheorie. Es bietet leicht verständliche Erklärungen für mögliche Zusammenhänge zwischen aktuellen, aus der Gegenwart nicht erklärbaren Gefühlszuständen und emotionalen Erfahrungen aus der Lebensgeschichte. Es gibt Antwort auf die Fragen: Was sind Grundbedürfnisse? Was bedeutet es, wenn sie nicht erfüllt wurden, wie entstehen also wunde Punkte? Welche Strategien kann ein Mensch entwickeln, um solche Frustrationen zu vermeiden? Was passiert, wenn wunde Punkte berührt werden? Warum also steckt in der Mücke ein Elefant?

Wie hilfreich eine solche Spurensuche sein kann, wird anschaulich, wenn wir die eingangs erzählten Geschichten mit einigen Puzzlesteinen aus relevanten Lebenserfahrungen ergänzen. Das haben Sie im Falle von Annas und Peters Partnerkonflikt bereits kennengelernt. Auch die Geschichten von Elisabeth, Stefan und Sebastian will ich auf diesem Hintergrund beleuchten.

Die weiteren Kapitel sollen Ihnen bei der Suche nach Ihren eigenen Elefanten und einem konstruktiven Umgang mit diesen nützlich sein.

Im *3. Kapitel* können Sie sich testen, welche Grundbedürfnisse Ihnen wichtig sind und welche Sie vielleicht vernachlässigen. Mit einem Rückblick auf Ihre Lebensgeschichte werden Sie feststellen, ob auch in Ihrem Leben grundlegende Bedürfnisse nicht erfüllt wurden.

Wie Sie einem möglichen eigenen Elefanten auf die Spur kommen können, erfahren Sie im *4. Kapitel.* Welche negativen Gefühlszustände, die Sie sich nicht recht erklären können, erleben Sie immer wieder? Wo liegen Ihre wunden Punkte? Welche Strategien haben Sie entwickelt, um damit zurechtzukommen? Welche guten Gründe gibt es demnach für Sie, sich über »Kleinigkeiten« aufzuregen?

Mit den so gewonnenen Erkenntnissen sind Sie gut vorbereitet auf das *5. Kapitel.* Sie haben die Bedeutung Ihrer negativen Gefühlszustände vor Augen, die Sie nicht mehr kleinreden (lassen), nur weil diese auf den ersten Blick schwer verständlich sind. Auch Ihr Einfühlungsvermögen in merkwürdige Verstimmungen Ihrer Mitmenschen wird sich vertiefen. Wenn wir die Mücken mit den darin verborgenen Elefanten von allen Seiten beleuchten, dann werfen sie keinen obskuren Schatten mehr, sondern erscheinen als das, was sie sind: zwar manchmal lästig, aber nicht sonderlich aufregend.

Zahlreiche Anleitungen und Übungen werden Ihnen Wege aufzeigen, wie Sie aus Sackgassen und Verstrickungen herausfinden können. Dabei können Sie sich mithilfe von Fragebögen und Selbstbeobachtung Ihre Fähigkeiten vergegenwärtigen und diese weiterentwickeln. Alle vorgeschlagenen Maßnahmen dienen dem Ziel, Ihr seelisches Gleichgewicht zu stabilisieren.

Unser »inneres Programm« basiert auf unseren Anlagen und unseren gespeicherten Erfahrungen. Diese Erfahrungen können durch neue Erfahrungen korrigiert werden. Das erfordert Mut und Geduld, doch dann werden alte, heute nicht mehr passende Schutzmaßnahmen überflüssig, die das Problem oft nur verschlimmern. Wenn wir uns für neue, flexiblere Lösungen öffnen können, werden wir feststellen, dass es bei manchen Konflikten um Grundbedürfnisse nicht notwendigerweise um ein Entweder-oder geht. Vielmehr kann sich auch die Tür zu einem Sowohl-als-auch öffnen. Wenn Sie wissen, was Sie wirklich brauchen, können Sie überprüfen, ob Sie Ihre Energie für wichtige Lebensziele einsetzen. Vielleicht erleben Sie dann, dass Sie sich auch von Wünschen verabschieden können, die wenig zu Ihrer Befriedigung beitragen und für ein erfülltes Leben nicht wirklich wichtig sind.

ZERB ECHLICH

> Auf die richtige Person im richtigen Maß
> und zur richtigen Zeit und wegen der
> richtigen Sache und in der richtigen
> Weise wütend zu sein – ist nicht leicht.
> *Aristoteles*

Kapitel 2

Das Suchobjekt: Der verborgene Elefant

Ein vermeintlicher Kratzer im Autolack, herumliegende Socken, eine knappe Telefonauskunft, eine wütende Nachbarin – warum führen derlei Lappalien zu solch großer Aufregung? Sie berühren wunde Punkte, die Protagonisten in den eingangs erzählten Geschichten sind an diesen Stellen besonders sensibel. Doch woher rührt diese Empfindlichkeit? Antworten darauf finden wir in den Lebensgeschichten von Elisabeth, Stefan, Anna, Peter und Sebastian. Die Themen der Gegenwart und der Vergangenheit werden – wie bei einem Puzzle – ein überraschend zusammenhängendes Bild ergeben.

Wollen wir herausfinden, warum jemand so und nicht anders reagiert, müssen wir nach der Bedeutung fragen, die ein bestimmtes Ereignis für die betroffene Person hat. Elisabeth beispielsweise erschrickt zunächst angesichts der wutentbrannten Nachbarin, dann schießt ihr durch den Kopf: »Die Nachbarin ist mir böse, das ertrage ich nicht.« Schwer nachvollziehbar – es sei denn, wir begeben uns auf Spurensuche in die Vergangenheit. Dies erfordert Bereitschaft, Geduld, Offenheit und Mut. Doch die Suche lohnt, da sie uns ermöglicht, elementare Bedürfnisse aufzudecken.

Also möchten wir wissen:

- Was ist der Grund für die plötzlichen Stimmungsveränderungen?
- Welche Elefanten stecken dahinter?
- Woraus haben sich diese Elefanten entwickelt?

Stellen Sie sich einmal vor, jemand hätte sich mit neuen, dabei zu engen Schuhen auf eine lange Wanderung begeben. Zunächst meldet sich sein Fuß mit einem leichten Druckgefühl, dieses wandelt sich bei bestimmten Belastungen zu einem wiederkehrenden Schmerz, und schließlich ist die Haut aufgerieben, und es bildet sich eine offene Wunde. Der Wanderer humpelt, versucht den Schmerz zu minimieren und strebt auf kürzestem Weg zurück zum Ausgangsort. Auf der Heimfahrt in der überfüllten Bahn tritt ihm im Gedränge ein Mitreisender ohne Absicht auf den malträtierten Fuß. Reflexartig schreit er auf und schimpft lauter, als es ihm lieb ist: »Können Sie, verdammt noch mal, nicht aufpassen!« Der Mitreisende hat also im Wortsinne einen wunden Punkt getroffen, freilich ohne es zu ahnen, da im Schuh verborgen. Die Wahl des Schuhs, der zu lange Marsch, der Versuch, den Schmerz möglichst zu vermeiden, der Abbruch der Wanderung und die versehentliche Berührung der Wunde führen zusammen zu Frust und Ungemach. Allgemein ausgedrückt: Das Grundbedürfnis nach Schutz vor körperlichem Schmerz ist verletzt. Bei diesem Beispiel ist der ganze Vorgang gut nachvollziehbar und die Ursache klar. Unser Wanderer könnte dem Mitreisenden leicht erklären, warum er so heftig reagiert.

Anders bei den verborgenen Elefanten: Wie wunde Punkte in unserer Seele entstehen, verläuft zwar nach dem gleichen Prinzip, ist aber in der Regel weniger offenkundig, weil die Bedürfnisverletzungen und ihre Bewältigungsversuche eine weit zurückreichende Vorgeschichte haben, an die wir uns nicht mehr erinnern können. Werden diese alten, empfindlichen Stellen berührt, regen wir uns aus gutem Grund auf, können dies aber leider nur schwer erklären. Auch hier könnte die Frage, wo drückt wirklich der Schuh, weiterhelfen.

Das Fundament für eine positive Entwicklung: Die Erfüllung von Grundbedürfnissen

Wohlbefinden entsteht, wenn etwas so ist, wie es sein sollte. Unsere im Moment wichtigsten Bedürfnisse sind dann erfüllt. Unangenehme Gefühle erleben wir, wenn dies nicht der Fall ist. Wissen wir jedoch immer so genau, was wir brauchen? Meist ist es leichter, die Frage zu beantworten, was wir nicht (mehr) wollen; wir wollen z.B. nicht mehr so viel zu tun haben, Ärger los sein, keine Angst mehr haben, uns nicht mehr langweilen oder uns keine Sorgen mehr machen müssen.

Wie also erkennen wir, was wir wirklich brauchen, wenn wir emotional in ein »negatives Fahrwasser« geraten? Welches Bedürfnis ist dann frustriert oder bedroht? Was sind überhaupt allgemeingültige menschliche Grundbedürfnisse?

Die Grundbedürfnisse, die für das Verständnis der Elefanten von Bedeutung sind, sind im zwischenmenschlichen Bereich angesiedelt. Einige sind schon vorhanden, wenn wir auf die Welt kommen, andere entwickeln sich erst später und erfahren durch kulturelle Einflüsse ihre individuelle Ausprägung. Für eine gesunde Entwicklung ist ihre Befriedigung, ganz besonders in der Kindheit, unabdingbar. Dies hat die Gehirnforschung eindrucksvoll nachgewiesen: Die frühkindliche Gehirnentwicklung leidet Schaden, wenn nicht eine konstante, liebevolle Bezugsperson Sicherheit, Zärtlichkeit, Anregung usw. gewährleistet. Grundbedürfnisse unterscheiden sich somit von individuellen Wünschen, die prinzipiell unbegrenzt und so unterschiedlich sind wie die Menschen selbst. Jemand mag sich wünschen, einmal um die Welt zu reisen, einen Garten anzulegen, in Ruhe Bücher zu lesen, ein großes Auto zu fahren, faul am Strand zu liegen, einen Auftritt im Fernsehen zu haben, ein rauschendes Fest zu feiern, sehr viel Geld zu haben, beim anderen Geschlecht erfolgreich zu sein usw. Solche Wünsche können natürlich mit Grundbedürfnissen in Beziehung stehen. Reisen kann unsere Neugier stillen, ein auffallend großes Auto oder ein Fernsehauftritt spiegeln ein Bedürfnis nach Beachtung, gemeinsames Feiern vermittelt uns ein Gefühl der Zugehörigkeit. So gesehen sind Wünsche und ihre Erfüllung eher ein Mittel zum Zweck, also eine von vielen Möglichkeiten, Grundbedürfnisse zu befriedigen. Wünscht sich jemand z.B. einen großen, starken Geländewagen, in dem er sich unangreifbar fühlt oder von dem er mit einem Gefühl der Überlegenheit auf die Kleinwagenfahrer herunterblicken kann, so könnte er auch, statt zu denken: »Den möchte ich haben«, das Bedürfnis zum Ausdruck bringen: »Ich möchte sicher und überlegen sein.« Die Erfüllung einzelner Wünsche mag uns ein Gefühl der Zufriedenheit oder des Glücks vermitteln, davon hängt aber nicht wesentlich unser Wohlergehen ab. Anders bei den elementaren Bedürfnissen: Bleiben sie auf Dauer unbefriedigt, ist unser seelisches Gleichgewicht in Gefahr und in der Folge manchmal auch unsere körperliche Gesundheit.

Die Befriedigung von Grundbedürfnissen ist also das Fundament unseres Wohlbefindens. Auf ihnen baut sich alles auf, was wir für ein zufriedenes Leben benötigen. Fühlen wir uns chronisch ungeliebt, nicht geborgen, anderen unterlegen oder unverstanden, beeinträchtigt dies unsere Gefühlslage nachhaltig. Fühlen wir uns dagegen auf der Welt willkommen, wird unsere Liebe erwidert, führt unser Handeln zu den erwünschten Ergebnissen, können wir unangenehme Erfahrungen vermeiden und haben wir ein positives Bild von uns selbst, dann lässt es sich gut leben.

■ Von Sicherheit zu Selbstbestimmung: Die Bedürfnisstufen

Neben den bereits angesprochenen zwischenmenschlichen Grundbedürfnissen gibt es die physiologischen Bedürfnisse, die für unser unmittelbares Überleben essenziell sind: Essen und Trinken, erholsamer Schlaf, saubere Luft zum Atmen, Schutz gegen Kälte oder körperliche Unversehrtheit. Sind diese nicht erfüllt oder bedroht, gelten die anderen Bedürfnisse begreiflicherweise nur noch wenig. Wenn jemand sich auf einer einsamen Wanderung den Fuß gebrochen hat, vermisst er nicht menschliche Wärme, sondern hofft vor allem auf Rettung aus hilfloser Lage. Wir können uns dies als eine Art »Hierarchie der Bedürfnisse« vorstellen.

Der amerikanische Psychologe Abraham Maslow hat bereits in den Fünfzigerjahren in einem Stufenmodell zum Ausdruck gebracht, was wir für eine gesunde Entwicklung und ein zufriedenes Leben benötigen. Er unterscheidet zwischen »niederen« und »höheren« Bedürfnissen. Dies ist nicht wertend gemeint, sondern bringt zum Ausdruck, dass die Entwicklung in Stufen erfolgt, auf denen sich unterschiedliche Bedürfnisse allmählich entfalten. Er nennt fünf Bedürfnisstufen:

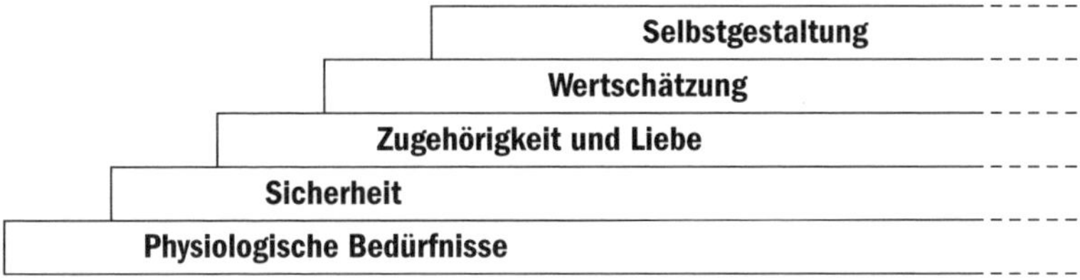

Ein höheres Bedürfnis kann nur dann wirklich befriedigt werden, wenn die Bedürfnisse auf den darunterliegenden Stufen weitgehend erfüllt sind. Die »niedrigeren« Bedürfnisse bleiben selbstverständlich lebenswichtig, verlieren aber unter günstigen Entwicklungsbedingungen an Aufmerksamkeit.

Bei einem gravierenden Mangel auf einer Stufe können wir also nicht problemlos zur nächsten Stufe fortschreiten. Wenn sich ein Kind nicht geborgen fühlt, wird es sich schwertun, sich von der Familie zu trennen, wenn ein Kind keine Liebe bekommen hat, wird es sich selbst als nicht liebenswert empfinden und später kaum in der Lage sein, Liebe zu schenken. Zurück bleibt oft ein schwer stillbarer Hunger nach Erfüllung des frustrierten Bedürfnisses.

Nebenbei bemerkt haben viele Menschen die Neigung, bei Verletzungen ihrer Bedürfnisse auf einer höheren Stufe (z.B. Mangel an Wertschätzung) auf Befriedigungen der ersten Stufe zurückzugreifen (z.B. Essen »aus Frust«), was auf die Dauer nicht bekömmlich sein kann.

Ob man in der Kindheit Frustrationen auf einer der genannten Stufen erlitten hat, daran kann man sich – abhängig vom damaligen Alter – oft nicht erinnern. Und selbst wenn einem manche Szenen noch im Gedächtnis sind, was weiß man schon darüber, warum man sich damals so hilflos, einsam oder unverstanden gefühlt hat. Wie viel schwieriger ist es dann, wenn man sich aktuell wieder einmal von irgendeiner Mücke hat stechen lassen, das eigene Aufbrausen oder Zusammenzucken mit alten Geschichten in Verbindung zu bringen. Den Blick für solche Zusammenhänge werden wir auf verschiedene Weise erweitern.

Beginnen will ich mit einer – zugegebenermaßen idealisierten – Vorstellung vom Verlauf eines menschlichen Lebens. Dieses Bild von einer »heilen Welt« legt natürlich einen überhöhten Maßstab an. Weder Ihre Eltern noch Sie selbst, so Sie Kinder haben, können einem solchen Anspruch immer gerecht werden.

Da wir uns aber noch genügend mit Unzulänglichkeiten und Problemen beschäftigen werden, sei es zunächst erlaubt, ein solches Idealbild zu zeichnen. Es führt uns vor Augen, was ein Mensch für eine positive Entwicklung seiner Persönlichkeit braucht, und stellt uns so die wesentlichen Grundbedürfnisse vor. Im Kontrast dazu werde ich im Weiteren darlegen, was es bedeutet, wenn diesem Leitbild nicht genügend entsprochen wird.

Schön wär's: Wenn wir alles bekämen, was wir brauchen

Wenn wir geboren werden, benötigen wir zunächst Sicherheit und Geborgenheit. Unsere Eltern (oder ersatzweise andere konstante Bezugspersonen) heißen uns willkommen und versorgen uns liebevoll. Im Idealfall leben sie selbst im Einklang mit ihren Bedürfnissen, unterstützen sich gegenseitig und gehen wertschätzend miteinander um. Sie sind da, wenn wir sie brauchen. Sie haben feine Antennen für die verschiedenen Nuancen unseres Geschreis und speisen uns nicht ab, wenn wir gestreichelt werden wollen. Wir bauen eine intensive Bindung zu ihnen auf, erkennen ihren Geruch, ihre Stimme, ihr Lächeln. Alles dreht sich – könnte man in dieser Zeit meinen – nur um uns. Essen, trinken, schlafen, kuscheln, jauchzen, schreien, getragen werden, rülpsen, pupsen, in die Windeln machen.

Unsere Entwicklung folgt unserem genetischen Programm: Wir werden allmählich neugierig, betasten, nehmen in den Mund, krabbeln herum, erweitern unseren Horizont, ahmen nach, lernen gehen und sprechen. Die Eltern sind meist in der Nähe, eilen herbei, wenn wir in Gefahr sind, behalten uns im Blick, wenn wir weglaufen, und verstehen und trösten uns, wenn wir Angst bekommen oder uns wehgetan haben.

Unser Lebensraum wird größer. Wir beginnen Neues auszuprobieren und wagen allmählich, unseren Radius zu erweitern. Im Spiel – allein, mit Geschwistern, in der Krabbelgruppe oder im Kindergarten – erproben wir unsere neu entwickelten Fähigkeiten. Wir ernten Lob für unsere Bemühungen. Die Eltern reagieren nicht enttäuscht auf unsere ersten Misserfolge, unterstützen uns, wo wir Hilfe brauchen, ermutigen uns, uns neuen Herausforderungen zu stellen. Sie überfordern uns nicht mit immer neuen Spielsachen oder Technik, die wir nicht begreifen können. Sie blockieren unsere Phantasie nicht mit virtuellen Welten, die sich Erwachsene für Kinder ausgedacht haben. Sie unterbrechen uns nicht bei konzentriertem Spiel und gehen auf unsere neugierigen Fragen ein. Sie verstehen uns, auch wenn unsere Welt ganz anders ist als die ihre. Sie fühlen sich ein, selbst wenn wir uns eher durch unser Verhalten als mit Worten ausdrücken, lassen unsere Gefühle gelten, versuchen nicht, sie uns auszureden. Die besondere Achtsamkeit unserer Eltern gilt unseren Bedürfnissen. Sie werden von ihnen respektiert, auch wenn sie nicht immer oder nicht gleich erfüllbar sind. Dabei lernen wir, Frustrationen zu ertragen, und werden ermutigt uns anzustrengen, um längerfristige Ziele zu erreichen.

Wir entwickeln allmählich einen eigenen Willen, wollen selbst bestimmen. Unser trotziges »Nein« wird ernst genommen, die Eltern halten es aus, wenn wir uns ihnen entgegenstellen, setzen nicht ihre Macht ein, sondern sprechen mit uns. Sie setzen klar und konsequent Grenzen, an denen wir uns zuverlässig orientieren können. Wir lernen Regeln und Normen, für deren Einhaltung die Eltern – soweit es ihre Erwachsenenrolle erlaubt – ein Vorbild sind. Wir erfahren im Umgang mit den Eltern und Gleichaltrigen, was es bedeutet, sich anderen gegenüber einfühlsam, kooperativ und solidarisch zu verhalten und zugleich sich zu behaupten und die eigenen Bedürfnisse zu achten. Auch erleben wir, dass sich unsere Eltern um Gerechtigkeit und Gleichbehandlung bemühen. Jeder bekommt ein gleich großes Stück vom Kuchen. Keiner wird ungerechtfertigt bestraft. Die Eltern erklären uns, warum wir mal zurückstehen müssen. Sie lehren uns Rücksichtnahme, ohne dass wir unter dem Gefühl von Benachteiligung leiden müssen.

Mit jedem Lernschritt erwerben wir ein Stück mehr Unabhängigkeit. Es wächst unser Zutrauen in eigenes Handeln, im Rahmen unserer altersgemäßen Möglichkeiten können wir für uns selbst sorgen, Alltagsprobleme lösen und uns neuen Aufgaben stellen. Mit der Erweiterung unserer Handlungsspielräume erfahren wir, dass wir aktiv auf das Geschehen in unseren Lebensbereichen Einfluss nehmen können. Unsere wachsende Überzeugung, dass wir durch unser Handeln unser seelisches Gleichgewicht stabilisieren können und unseren Zielen näherkommen, befriedigt zwei der zentralsten Bedürfnisse: das nach Selbstbestimmung und nach Vertrauen in unsere eigenen Fähigkeiten. Unsere Eltern lassen uns gewähren, geben uns Freiräume, greifen nicht ein, wenn sie eine Aufgabe besser oder schneller lösen können. Wir gewinnen Selbstvertrauen und Autonomie.

Ein weiteres wichtiges Grundbedürfnis entfaltet sich schon in den ersten Lebensjahren: das Bedürfnis nach erotischem Lustgewinn. In natürlicher Weise erkunden wir unsere erogenen Zonen, genießen die Stimulation, entdecken die Unterschiede zum anderen Geschlecht. Auch unser sich entwickelndes Bedürfnis nach Intimität, nach Achtung unserer natürlichen Schamgrenzen wird ernst genommen. Wir spüren, wenn wir eine Berührung oder Zärtlichkeit nicht wollen, und können dies zum Ausdruck bringen.

Mit unserem Wissen um die eigene Identität und unserem Vertrauen in die eigenen Fähigkeiten gehen wir neue soziale Bindungen ein, erleben die Zugehörigkeit zu Gruppen Gleichaltriger, lassen uns auf Liebesbeziehungen ein und grenzen uns gegenüber den Eltern und anderen Erwachsenen ab.

Die Eltern reagieren nicht gekränkt oder enttäuscht, halten es aus, wenn wir sie in Frage stellen und uns von ihnen lösen. Sie begleiten uns wohlwollend auf unserem mühsamen Weg zum Erwachsenwerden. Krisen, Konflikte, Krankheiten, Ängste, Zorn, Trauer und Selbstzweifel bleiben uns nicht erspart, sie bieten uns jedoch wichtige Wachstumsimpulse, und wir gehen gestärkt aus ihnen hervor.

Aus elterlicher Perspektive kann man solche Entwicklungsbedingungen wie eine Anleitung zur Kindererziehung lesen. Tatsächlich ist ein entsprechendes Verhalten elementarer Bestandteil verschiedener Elterntrainings (z.B. des in den USA entwickelten »Systematic Training for Effective Parenting« – STEP oder des »Positive Parenting Program« – Triple P).

Unsere wichtigsten Grundbedürfnisse, die je nach Lebensphase unterschiedliche Bedeutung haben, sind also:

- Stabile Bindung mit Liebe, Schutz, Geborgenheit, Zugehörigkeit und Verständnis
- Wertschätzung und Beachtung
- Gleichbehandlung und Gerechtigkeit
- Intimität, Erotik, Sexualität
- Sicherheit
- Neugier
- Autonomie mit Selbstachtung, Selbstbestimmung, Abgrenzung und Vertrauen in eigene Fähigkeiten

Oben angekommen: Der eigenständige Erwachsene

Hätten wir solch glückliche Entwicklungsbedingungen erlebt, könnten wir als Erwachsene im Allgemeinen zufrieden und eigenständig leben, mit einer guten Portion kindlicher Unbefangenheit, Kreativität, Neugier und Spielfreude. Wir

- hätten ein selbstbestimmtes Wertesystem entwickelt,
- lebten im Einklang mit unseren Bedürfnissen und Interessen,
- hätten ein stabiles Selbstwertgefühl,
- vertrauten auf unsere Fähigkeiten und hätten ein Gefühl der Kontrolle,
- erlaubten uns auch starke Gefühle und Zustände von Schwäche,
- könnten auf befriedigende zwischenmenschliche Bindungen bauen,

- wären sicher im Umgang mit verschiedenen Rollenerwartungen (beispielsweise als Arbeitskollege/in, Geschäftspartner/in, Gastgeber/in, Reisende/r in fremden Kulturen),
- fühlten uns als Teil einer sozialen Gemeinschaft und
- könnten auf schwierige Herausforderungen in angemessener Weise reagieren.

Unsere wichtigsten Bedürfnisse wären erfüllt. In unserem Kontext hieße dies, eine Mücke wäre für uns eine Mücke und ein Elefant ein Elefant. Wir müssten uns nicht mit wunden Punkten abmühen, unangenehme Gefühle könnten wir realitätsgerecht der aktuellen Situation zuordnen, unsere Seele müsste nicht wegen alter Verletzungen Alarm schlagen.

Elisabeth G. würde sich nur kurzfristig über die Störung durch die Nachbarin ärgern, Stefan P. wäre rasch beruhigt, dass sein Auto unbeschädigt ist, Anna und Peter S. würden ihren Konflikt nicht an Socken festmachen, sondern sich über Annas eigentliche Bedürfnisse unterhalten, und Sebastian T. würde sich mit seiner Frau verständigen, was für den Urlaub noch einzukaufen ist.

Ja, wenn das alles immer so einfach wäre! Dann bräuchten wir uns darüber keine Gedanken zu machen, wie unsere Seele funktioniert. Wir könnten im guten Sinne ahnungslos bleiben, wie ein körperlich gesunder Mensch, der keinen Anlass hat darüber nachzudenken, ob seine Leber gerade die notwendigen Enzyme ausschüttet oder seine Lunge genügend Sauerstoff aufnimmt. Die Psychotherapeuten wären arbeitslos, und ich hätte keinen Anlass, dieses Buch zu schreiben. Leider erleben wir jedoch im Laufe unserer Entwicklung in aller Regel Enttäuschungen und Frustrationen, für deren Bewältigung wir nicht ausreichend gerüstet sind. Unsere Versuche – zumal in der Kindheit –, mit kleineren oder größeren Katastrophen fertigzuwerden, sind daher oft unzureichend. Indem wir in schwer überschaubaren Stresssituationen dazu neigen, auf alte Bewertungs- und Bewältigungsmuster zurückzugreifen statt neue Handlungsmöglichkeiten auszuprobieren, werden aus Mücken Elefanten.

Wenn wir erkennen, welche Bedürfnisverletzungen wir erlitten und wie wir versucht haben, mit unseren jeweiligen Mitteln damit zurechtzukommen, werden wir die »guten Gründe, uns über Kleinigkeiten aufzuregen« ernst nehmen. Unsere unangenehmen Gefühle werden uns dann gleichsam zu nützlichen Wegweisern auf einem Lehrpfad, gestiftet von dem noch zu gründenden gemeinnützigen Verein zur Achtung von Grundbedürfnissen (VAG e.V.).

Wenn Bedürfnisse frustriert werden: Die Entstehung der Elefanten

Unser Lebensweg ist gekennzeichnet durch viele Weggabelungen mit imaginären Hinweisschildern, die uns zeig(t)en, was wir in der jeweiligen Situation tun bzw. welchen Weg wir einschlagen sollen. Sie können einerseits hilfreich sein, etwa:

- »Achte auf deine Bedürfnisse!«
- »Probier einfach mal etwas aus!«
- »Rede anderen nicht nach dem Mund!«
- »Nimm deine Gefühle ernst!«
- »Vertraue auf deine eigene Urteilskraft!«

Andere wiederum sind hinderlich und engen unsere Entfaltungsmöglichkeiten ein. Für die Entstehung unserer Elefanten sind im Besonderen jene Gebote und Verbote bedeutsam, die uns nicht erlaubt haben, auf unsere Gefühle und Grundbedürfnisse zu achten. So könnte auf den Schildern etwa gestanden haben:

- »Sei doch vernünftig!«
- »Streng dich an!«
- »Sei nicht egoistisch, nimm dich nicht so wichtig!«
- »Sei nicht so empfindlich!«
- »Fall nicht unangenehm auf!«
- »Du tust, was ich dir sage!«

Solche Sätze müssen nicht unbedingt offen ausgesprochen worden sein, sie teilen sich oft gewissermaßen zwischen den Zeilen mit, sie bestimmen die Atmosphäre im familiären Umfeld. Sie sind auch nicht notwendigerweise in jeder Situation falsch oder unangebracht, sie werden es erst, wenn sie eine ausschließliche Gültigkeit beanspruchen. Jedenfalls haben wir auf diesem Weg zu unterscheiden gelernt, welche Gefühle und Bedürfnisse in welcher Situation als erwünscht oder unerwünscht, berechtigt oder unberechtigt angesehen werden. Die folgenden Beispiele sind nicht dramatisch, die mangelnde Achtsamkeit im elterlichen Verhalten nicht ungewöhnlich. Ein Elefant entwickelt sich daraus nur dann, wenn ein Kind häufig erlebt, mit seinen Gefühlen nicht ernst genommen zu werden.

- Ein Kind ist verärgert oder wütend, weil es sich seinem Geschwister gegenüber benachteiligt fühlt. Der Vater wiegelt ab: »Das stimmt doch gar nicht. Sei nicht immer gleich so neidisch!«
- Ein Schüler hat am Morgen Bauchweh, will nicht in die Schule gehen. Die Mutter reagiert beschwichtigend: »Das vergeht schon wieder.« Ihr Kind etwas kleinlaut: »Ich hab aber Angst, weil die in der Klasse mich immer hänseln.« Die Mutter ungeduldig, weil sie selbst zur Arbeit muss: »Du darfst dir einfach nicht alles gefallen lassen!«

Im ersten Fall wird dem Kind bedeutet, dass seine Wahrnehmung nicht zutreffend sei, und sein Gefühl wird kritisiert, im zweiten Beispiel wird die Gefühlsäußerung übergangen und mit einer (Über-)Forderung verknüpft. Wenn das Kind sich wehren könnte, hätte es keine Angst.

Erleben Kinder immer wieder, dass bestimmte Gefühlsäußerungen stören, dann werden sie daraus – automatisch und unbewusst – die Schlussfolgerung ziehen: »Dieses Gefühl ist nicht berechtigt oder nicht erwünscht.« Leider haben Kinder kaum Möglichkeiten, sich negative Bewertungen der Eltern oder anderer Bezugspersonen bewusst zu vergegenwärtigen und sich kritisch mit ihnen auseinanderzusetzen. Was die Mutter, der Vater oder der Lehrer sagen, gilt mehr als die Wahrnehmung des Kindes – jedenfalls, bevor es lernt sich abzugrenzen. So wird das Etikett »unerwünscht« verinnerlicht und manchmal bis zum Lebensende nicht mehr überprüft. Der Zugang zur eigenen Gefühlswelt und damit zu Grundbedürfnissen kann so auf Dauer beeinträchtigt bleiben.

Es kann sich durchaus lohnen, gewohnte Pfade zu überprüfen. Unsere Gefühlsreaktionen werden so zu Wegweisern zu wichtigen Bedürfnissen.

Die M-E-A-Formel: Mücke, Elefant und Aufregung

Den einleitenden Geschichten gemeinsam ist eine beträchtliche Aufregung oder Verstimmung aus geringfügigem Anlass (die Mücke). Um es in eine knappe Formel zu bringen, bezeichne ich die Aufregung mit »**A**«, die Mücke mit »**M**« und füge für den Elefanten ein »**E**« hinzu.

Unsere M-E-A-Formel lehnt sich an ein Modell zur Erklärung von Gefühlen an, das sogenannte A-B-C-Modell des amerikanischen Psychotherapeuten Albert Ellis. Danach führt ein auslösendes Ereignis (A) zu einer emotionalen Konsequenz (C), die sich aus der Bedeutung (B) des Ereignisses für die betreffende Person erklärt.

Ich gehe davon aus, dass sich niemand über Kleinigkeiten aufregt. Entweder sind die Gründe zeitnah und daher leicht erklärbar, also etwa eine Anhäufung von Stressfaktoren, die in der Summe keine Kleinigkeiten sind (siehe S. 19), oder wir selbst oder die anderen sind blind für die tiefere Bedeutung, die dem vermeintlich banalen Anlass zukommt. Die Formel zeigt, dass nicht die Mücke die Aufregung verursacht, sondern der zugrunde liegende Elefant: Wie bei einem Eisberg bleibt der gewichtigste Teil unseres Elefanten zunächst im Verborgenen. Das heißt, dass nur das kritische Ereignis und die darauf folgende emotionale Reaktion mit den automatischen Gedanken – in der M-E-A-Formel also das M und das A – unserem Bewusstsein uneingeschränkt zugänglich sind. Der Elefant selbst ist schwer erkennbar und wird nur als vage Bedrohung spürbar.

Da weder die Mücke noch die Art der Aufregung uns auf den ersten Blick etwas darüber verraten, warum jemand so heftig reagiert, müssen wir der Frage nachgehen, welche Bedeutung der Anlass für die betroffene Person hat. Einen ersten Zugang dazu finden wir, wenn wir auf die Gedanken achten, die mit der Aufre-

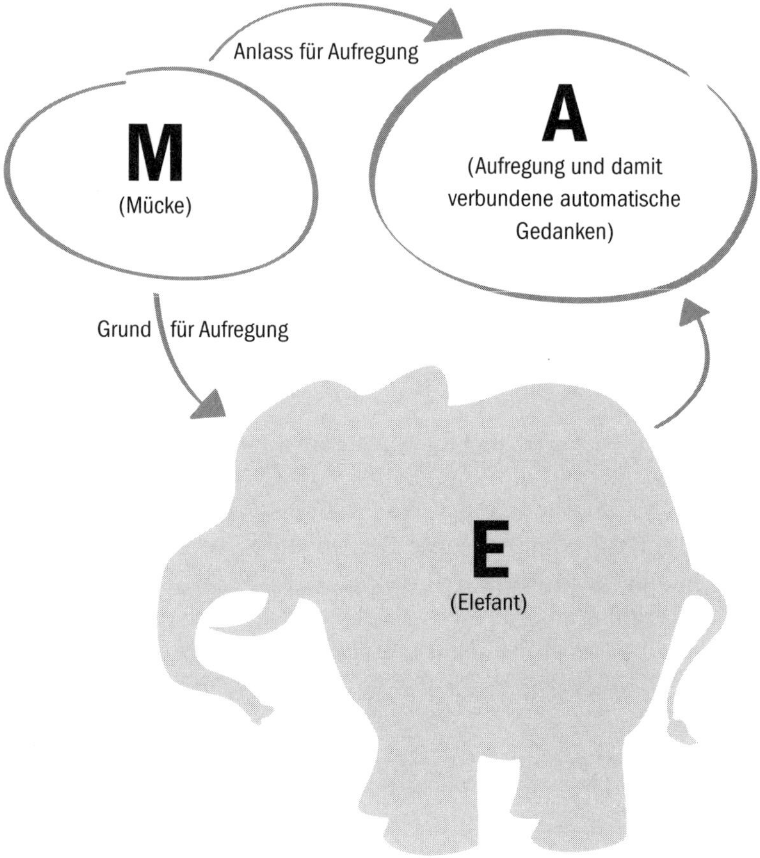

gung verbunden sind. Sie kommen uns gewissermaßen automatisch, also ohne weiteres Nachdenken in den Sinn. Der amerikanische Psychologe Aaron Beck nennt sie entsprechend

»automatische Gedanken«.

Auch wenn wir sie oft kaum bemerken, treten sie dennoch mit jeder Gefühlsreaktion auf. Hilfreich ist es also, sich zu vergegenwärtigen, was einem durch den Kopf geht, wenn ein bestimmtes Gefühl auftaucht. Angenommen, Ihr Chef bittet Sie überraschend zu einem Gespräch: Welches Gefühl stellt sich ein, welcher Gedanke schießt Ihnen durch den Kopf? Sie könnten ein mulmiges Gefühl bekommen und denken: »Der hat bestimmt wieder etwas auszusetzen!« oder Sie fühlen sich wertgeschätzt, weil Sie überzeugt sind, dass Ihr Chef wieder einmal Ihren Rat benötigt. Oder stellen Sie sich vor, mitten in der Nacht klingelt das Telefon. Sie könnten ärgerlich reagieren, weil Sie denken, dass sich jemand verwählt haben muss, oder Sie erschrecken, weil das nur eine schlimme Nachricht bedeuten kann. Oder nehmen wir den Ehemann von Elisabeth. Ohne langes Überlegen ist für ihn klar: »Meine Frau wurde von der Nachbarin zu Unrecht angegriffen.« Er reagiert entsprechend verärgert. Elisabeth dagegen erlebt den Wutausbruch der Nachbarin als bedrohlich, weil ihr Streitigkeiten Angst machen. Ihr wichtigster und sich vollkommen automatisch einstellender Gedanke ist: »Hoffentlich glaubt sie mir, dass ich es nicht gewesen bin!« Warum ist ihr dies so wichtig? Elisabeths Antwort, die sie nach einigem Nachdenken findet, lautet: »Wenn sie mir nicht glaubt, ist sie mir böse, und das würde ich nicht ertragen.« Ähnliche gedankliche Muster bestimmen Elisabeths Erleben und Verhalten in vielen konfliktträchtigen Situationen. Wie aber entsteht ein solches Denkmuster?

Die Antwort finden wir in Elisabeths Lebensgeschichte, die ich weiter unten schildern werde: Sie fühlte sich von ihren Eltern nur dann geliebt und bei ihnen geborgen, wenn sie ihre eigenen Bedürfnisse zurückstellte, hilfsbedürftig erschien und keinen Anlass bot, ihren jähzornigen Vater zu reizen.

Um die Zuwendung der Eltern nicht zu verlieren, entwickelte Elisabeth – unbewusst – eine Bewältigungsstrategie, die man als

Selbstschutzprogramm

auffassen kann. Bei Elisabeth ist, wie häufig, Vermeidung die Hauptstrategie, also das Bemühen, dem Konflikt aus dem Weg zu gehen. Das Selbstschutzprogramm folgt festgefahrenen Überzeugungen und Verhaltensmustern und dient der Vermeidung einer erneuten Bedürfnisverletzung.

Was können wir darunter verstehen? Unser Verhalten wird sinnvollerweise von verschiedenen Regeln und festgelegten Abläufen bestimmt, die sich im Laufe unserer Lerngeschichte als nützlich erwiesen haben. So müssen wir etwa über den Sinn des Abschließens unserer Haustüre nicht jeden Morgen neu nachdenken. Wir wissen, was wir zu tun haben, und handeln entsprechend. Gerade in Stresssituationen benötigen wir die Fähigkeit zu raschem, »instinktiv« richtigem Handeln. Allerdings engen diese Muster unsere Reaktionsmöglichkeiten ein. Sind unsere Bedürfnisse verletzt oder gefährdet, gehorchen wir gewissermaßen »inneren Muss-Sätzen«, also festgefahrenen Überzeugungen, was wir tun dürfen oder zu unterlassen haben, um der Gefahr zu begegnen. Die begleitenden bedrohlichen Gefühle veranlassen uns zu Bewältigungsversuchen, die uns aufgrund unserer Lerngeschichte und unserer genetischen Ausstattung zur Verfügung stehen. Sie lassen sich im Wesentlichen in Flucht oder Angriff einteilen: weglaufen, sich verstecken, sich tot stellen oder kämpfen. Manchmal wissen wir auch nicht, was wir tun sollen, und sind im Konflikt zwischen verschiedenen Möglichkeiten wie gelähmt.

Wie wir flüchten oder angreifen, folgt alten Strategien. Im Falle von Flucht versuchen wir uns der bedrohlichen Situation zu entziehen, möchten »im Boden versinken« oder stecken den Kopf in den Sand, um so – wenn auch vergeblich – die Gefahr zu vermeiden. Auch Anpassung oder Unterwerfung ist eine Art von Flucht, weil wir dabei unsere berechtigten Bedürfnisse verleugnen. Im Angriff dagegen greifen wir zu Schuldzuweisungen, verhalten uns fordernd, strafen etwa durch Liebesentzug, kritisieren, nörgeln oder setzen unsere Mitmenschen herab. Bei der Erläuterung der verschiedenen Elefanten sowie im *4. Kapitel* werden Sie Beispiele für solche Denk- und Verhaltensmuster kennenlernen.

Um Missverständnissen vorzubeugen: Das eigene Selbst zu schützen, ist ein legitimes Anliegen. Die Art, wie wir das tun, kann aber sehr problematisch sein, sowohl für uns selbst wie auch für andere. Schutzprogramme können in ihren Auswirkungen sehr destruktiv sein: Andere herabzusetzen oder gar tätlich anzugreifen, etwa nach dem Prinzip, Angriff sei die beste Verteidigung, oder seine Macht zu missbrauchen, sind Beispiele für ein schädigendes Verhalten. Auch der Schutz durch Vermeidung oder Flucht ist nicht wirklich stabilisierend: Wir verlieren uns selbst aus dem Blick, unsere Selbstachtung geht verloren. Ich werde darauf im *4. Kapitel* noch zurückkommen.

Ein Selbstschutzprogramm wird aktiviert bei der Berührung eines

wunden Punkts,

der auf die tatsächliche oder befürchtete Verletzung von Grundbedürfnissen hinweist. In der erlebten Aufregung deutet sich die eigentliche Bedrohung an, ist aber in der Regel zunächst nur zu erahnen; was wir spüren, ist oft ein schmerzhafter Stich in der Seele, eine Verletzung signalisierend, und damit verbunden eine Beeinträchtigung unseres inneren Gleichgewichts. Manchmal tauchen Gefühle von Ohnmacht, Unterlegenheit, vage Angst, ein Anflug von Scham oder Empörung, Wut oder Trotz auf. Dieses oft diffuse Gefühlsgemisch kann begleitet sein von wirren Gedankenbruchstücken, widerstreitenden Bedürfnissen und Handlungsimpulsen; es macht sich im Kopf und im ganzen Körper breit: Es teilt sich mit in Worten oder Schweigen, in der Stimmlage, Gestik, Körperhaltung, Hautfärbung, Bewegungen. Solch einen unangenehmen Zustand möchte natürlich jeder möglichst rasch wieder loswerden. Aus diesem Grund wird das Selbstschutzprogramm aktiviert – dies umso mehr, je stärker wir in den Sog unserer alten Gefühle geraten. Meist reagiert es so rasch, dass wir unsere eigentlichen Gefühle gar nicht mehr spüren (etwa statt Angst eigentlich Ärger oder statt Wut im Grunde Traurigkeit). Dass dabei elementare Bedürfnisse betroffen sind, nehmen wir in aller Regel nicht wahr.

Sobald ein wunder Punkt berührt wird, erleben wir uns selbst und unsere Umwelt eigentümlich verändert, alles erscheint in einem ungünstigen Licht. In der kritischen Situation haben wir also ein

eingeengtes Bild von uns selbst und unseren Mitmenschen.

Unser Selbstbild prägt unser Selbstverständnis, ohne dass wir viel darüber nachdenken: Wir halten uns für fleißig oder faul, selbstbewusst oder selbstunsicher, zielstrebig oder orientierungslos, für einen Frühaufsteher oder Langschläfer, für einen Pechvogel oder Glücksmenschen, für einen Optimisten oder Pessimisten, für einen Genießer oder Asketen; die Reihe ließe sich beliebig fortsetzen. Ebenso haben wir Vorstellungen von unseren Mitmenschen, wir schreiben ihnen Eigenschaften zu, die nicht immer richtig sein müssen und uns doch eine grobe Orientierung bieten: naiv, berechnend, machthungrig, selbstsüchtig, bescheiden, liebenswert, feige, autoritär, kindlich, erwachsen und vieles andere. Alle diese Zuordnungen sind Vereinfachungen, aber sie helfen uns, uns zurechtzufinden, uns abzugrenzen, uns zuzuordnen, uns zu bestätigen.

Das Selbst- und Fremdbild ist keine feste Größe: Vielleicht haben Sie selbst schon bemerkt, wie verändert Sie sich in Gesellschaft verschiedener Menschen erleben können, wie gut Sie sich mit manchen Menschen fühlen und wie andere wiederum Ihnen z. B. alle Offenheit, Fröhlichkeit und Energie rauben. Manch einer wird sich an Lehrer erinnern, die ihm das Gefühl gaben, ein Versager oder auch ein Hoffnungsträger zu sein, an Eltern, aus deren Sicht nie etwas Gescheites aus uns werden konnte oder die uns Selbstvertrauen vermittelt haben, an Mitschüler, die uns wie nicht existent behandelt oder gerne den Kontakt zu uns gesucht haben. Solche Bilder sind in uns gespeichert, sie weisen vielfältige Konturen und Färbungen auf, sie können uns stärken oder schwächen.

Auch die banalsten Situationen können ungünstige und einengende Selbst- und Fremdbilder wachrufen – wenn ein Elefant ins Spiel kommt. Wir geraten schlagartig in einen Zustand, der uns alles im Licht früherer Bedürfnisgefährdungen sehen lässt. In der geschilderten Situation leitet Elisabeth ein Bild von sich selbst, das in Worte gefasst bedeutet: »Wenn ich mich abgrenze und anderen meine Meinung sage bzw. mir nicht alles gefallen lasse, bin ich nicht liebenswert.« Diese Haltung entwickelte sie natürlich nicht durch bewusstes Nachdenken, sondern sie entstand unbewusst. Aaron Beck bezeichnet grundlegende, überdauernde Einstellungen zu sich selbst als Grundannahmen. Dieses Selbstbild wirkt sich verständlicherweise negativ auf Elisabeths Selbstwertgefühl aus. Es kann auch die Beziehungen zu anderen Menschen beeinträchtigen, weil sie hinter ihrer immer gleichbleibend freundlichen Fassade ihre wahren Gefühle verbirgt. Zugleich ergibt sich für Elisabeth das »Bild von anderen Menschen«: »Meine Mitmenschen mögen mich nur, wenn ich mich wohlverhalte.« Das Bild von sich selbst und das Bild von den Mitmenschen bedingen sich also gegenseitig, es sind zwei Seiten derselben Medaille.

Elisabeths Elefant hat seinen Ursprung in mangelnder Erfüllung des Grundbedürfnisses nach bedingungsloser Liebe und Geborgenheit. In der Folge entwickelte Elisabeth ein Bild von sich und anderen, das zu ihren negativen Erfahrungen passt. Ihr Selbstschutzprogramm hilft ihr, weiteren Enttäuschungen aus dem Weg zu gehen.

Ihr wunder Punkt mit dem Selbstschutzprogramm und dem eingeengten Bild von sich selbst und ihren Mitmenschen rührt also her aus

früheren Bedürfnisverletzungen.

Dieser Zusammenhang liegt nicht offen zu Tage. Die Vorgänge in unserer Seele folgen unbewussten Verarbeitungs- und Handlungsmustern, also den schon erwähnten Schemata, die bestimmen, was wir wahrnehmen, wie wir das Wahrgenommene deuten und wie wir auf aktuelle Anforderungen reagieren können. Eine momentane, als unerklärlich belastend empfundene Situation kann uns in einen Zustand versetzen, der unserem früheren Erleben als Kind – also einem vollkommen anderen Selbstbild – entspricht. Schwer erklärbare Gefühle von Hilflosigkeit, Angst, Wut, Trauer, Kränkung können die Folge sein. Wir geraten in einen Zustand, der durch frühere Gefühle von Bedrohung, ein eingeengtes Selbst- und Fremdbild und starre Bewältigungsmuster gekennzeichnet ist. Aus ungünstigen Schemata entwickeln sich so die verborgenen Elefanten. Allerdings muss nicht jede Verletzung von Grundbedürfnissen automatisch einen wunden Punkt hinterlassen: Manchmal sind neue positive Erfahrungen in der Lage, ein ungünstiges Selbstschutzprogramm zu korrigieren, z.B. wenn Eltern erkennen, dass sie die Bedürfnislage des Kindes nicht gesehen haben, und Verständnis für die Verletzung zum Ausdruck bringen.

Es ist selbstverständlich nicht leicht, im Moment der Aufregung

- sich bewusst zu machen, worin der wunde Punkt besteht und auf welche Weise wir uns zu schützen suchen,
- zu bemerken, wie sich unser Selbst- und Fremdbild in ungünstiger Weise verändert und
- sich noch an die Ursprünge des wunden Punkts in früheren Lebensphasen zu erinnern.

Zu sehr sind wir meist mit der Erledigung von Aufgaben beschäftigt, kreisen unsere Gedanken um alles Mögliche oder sind wir gerade von Stimmungen besetzt, die es uns schwer machen, achtsam mit uns und anderen umzugehen. Die Beispielgeschichten mit den nachfolgend besprochenen Elefanten sowie die Anleitungen in *Kapitel 3* und *4* werden Ihnen aber Schritt für Schritt den Zugang zu diesen inneren Vorgängen eröffnen. Die einzelnen Bestandteile des Elefanten werden sich auch als Ansatzpunkte für positive Veränderungen erweisen. Ziel ist es, mit diesem Wissen um unsere Elefanten zu erkennen, was wir in einer kritischen Situation wirklich brauchen. Dafür lohnt es sich, gelegentlich innezuhalten und unseren elementaren Bedürfnissen nachzuspüren. Im Bewusstsein, was uns in der kritischen Situation guttun würde, können wir alte Schutzprogramme dahingehend überprüfen, ob es nicht bessere Wege gibt, unser inneres Gleichgewicht wiederherzustellen. Wenn wir lernen, unsere Bedürfnisse offen mitzuteilen, bekommt unser Gegenüber eine Chance, uns besser zu verstehen. Statt andere durch Rückzug oder durch Vorwürfe vor den Kopf zu stoßen, offenbaren wir eine empfindsame Seite; dabei achten wir uns selbst und lernen, einfühlsam mit den wunden Punkten anderer umzugehen. Dies wird uns in den folgenden Kapiteln noch beschäftigen.

Das folgende Schaubild gibt einen Überblick über die einzelnen Teile des Elefanten:

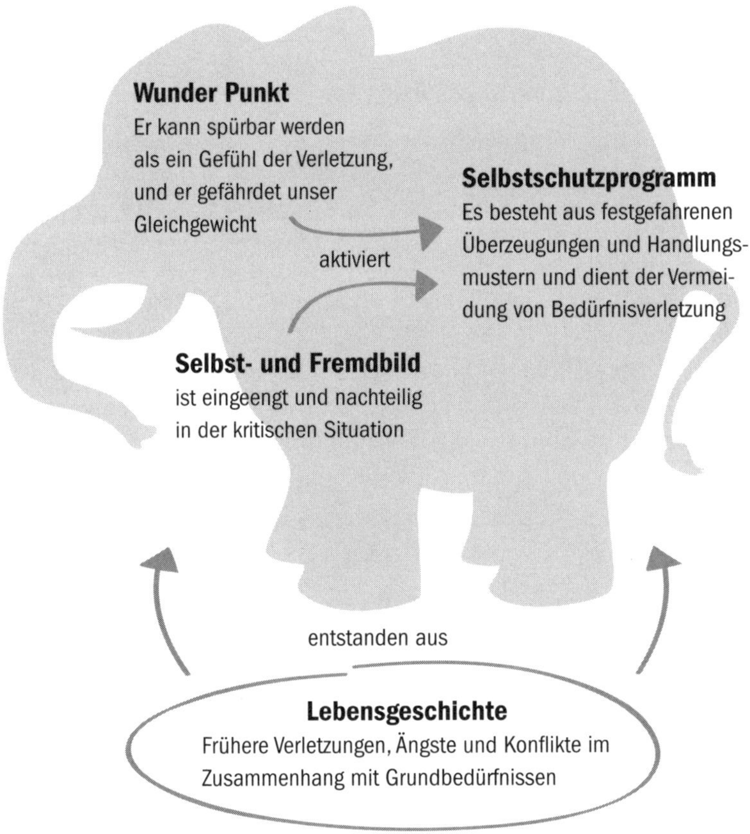

Nebenbei bemerkt verhält es sich mit unserem Elefanten ähnlich wie mit der sprichwörtlichen rosaroten Brille, durch die ein verliebter Mensch das Objekt seiner Liebe idealisierend betrachtet. Jeder weiß, wie sehr diese Brille die Wahrnehmung, das Denken, Fühlen und Handeln bestimmt. Im Gegensatz zum Stress aus banalem Anlass ist das Ergebnis allerdings überaus beglückend – vorausgesetzt, die Liebe wird erwidert. Unser Verarbeitungs- und Handlungsmuster im Sinne der »rosaroten Brille« ist freilich in diesem Fall nicht nur erfahrungs-, sondern auch hormongeleitet.

Lebenserfahrungen und ihre Spuren: 7 klassische Elefanten

Tief greifende Not entsteht, wenn elementare Bedürfnisse wiederholt oder gar dauerhaft frustriert werden. Solche Erfahrung prägt sich vor allem in der Kindheit ein, in der der Mensch von seinen zentralen Bezugspersonen vollkommen abhängig ist. All seine Notsignale bleiben in diesem Fall unbeantwortet. Es nützt ihm nichts, dass er schreit, jammert, wütend oder trotzig reagiert oder gar krank wird. Leider begegnen wir in unserer Gesellschaft immer wieder solchen albtraumhaften Kinderschicksalen. Der Psychologe Jeffrey Young und seine Mitarbeiter haben auf Basis ihrer therapeutischen Erfahrung eine Reihe von Schemata benannt, die auf schwerwiegende Bedürfnisverletzungen zurückzuführen sind. Solche Lebensschicksale können seelisch krank machen und bedürfen therapeutischer Hilfe.

Doch auch ohne extreme Vernachlässigung und Misshandlung können Verletzungen menschlicher Grundbedürfnisse das seelische Gleichgewicht destabilisieren. Es ist vollkommen normal, dass wir auch als »gesunde« Erwachsene manchmal von »alten Gefühlen« betroffen sein können. Um zu verstehen, warum wir in manchen Situationen von einem Stimmungseinbruch ereilt werden, müssen wir erfassen, woran wir durch ein Ereignis erinnert werden (eventuell an die Verletzung eines Grundbedürfnisses) und was wir in dem gegebenen Moment wirklich brauchen (die Erfüllung dieses Grundbedürfnisses). Sodann können wir uns in einem weiteren Schritt mit Möglichkeiten zur besseren Bewältigung der Situation beschäftigen: Welche – oft unerkannten – Fähigkeiten stehen uns heute zur Verfügung, um das aufgedeckte Grundbedürfnis zu befriedigen?

Vielleicht haben Sie beim Lesen des Abschnitts über erfüllte Grundbedürfnisse gedacht: »Wie schön, dass mir meine Eltern wichtige Bedürfnisse erfüllt haben.« Oder gegebenenfalls: »Dies oder jenes hätte ich von meinen Eltern gebraucht, das habe ich vermisst, das hätte mir damals gutgetan.«

Zum tieferen Verständnis solcher Gedanken greife ich im Folgenden am Beispiel unserer Protagonisten die hier relevanten Grundbedürfnisse noch einmal auf und beschreibe, welche Spuren Frustrationen hinterlassen können. Es handelt sich um die Bedürfnisse nach stabiler Bindung, Wertschätzung, Autonomie und Gerechtigkeit. Dies sind nach meiner Erfahrung die im Alltag am häufigsten bei wunden Punkten angesprochenen Bedürfnisse. Selbstverständlich können auch andere Bedürfnisverletzungen ihre Spuren hinterlassen. Etwa mangelnde existenzielle Sicherheit oder Verletzungen der Intimsphäre können ebenso Ängste und Schutzmaßnahmen zur Folge haben wie die Unterdrückung von Neugier.

Nicht alle der aufgeführten Elefanten dürften für Sie von Interesse sein. In manchen werden Sie sich möglichlicherweise wiederfinden, andere sind Ihnen vielleicht eher fremd. Wählen Sie einfach diejenigen aus, die Ihnen bekannt vorkommen oder Ihnen relevant erscheinen. Sie werden die Zusammenhänge auch so verstehen. Konzentrieren Sie sich einfach darauf, was Sie für sich persönlich interessant finden.

Elefant 1: »Ich habe Angst, Geborgenheit zu verlieren« (Elisabeths Elefant)

Elisabeth ist ein Mensch, der es allen recht machen möchte. Sie ist stets freundlich zu ihren Mitmenschen, eckt nirgends an und kann sich gut in andere einfühlen. Jeder kann mit seinen Problemen zu ihr kommen, sie hat für andere immer Zeit, meist bemerkt sie es gar nicht, wenn – selten genug – ihr Menschen auf die Nerven gehen. Das spätabendliche Bohrgeräusch hat sie erst gar nicht wahrgenommen, geschweige denn hätte sie sich darüber bei den Nachbarn beschwert. Der Ärger ihres Mannes auf diese Frau und seine Ankündigung, er werde sich bei ihr beschweren, verstärkt ihre Angst. Ihn allerdings davon abzuhalten, traut sie sich auch nicht, riskiert sie doch dadurch seinen wiederkehrenden Ärger über ihre nach seiner Ansicht allzu große Unterwürfigkeit.

Elisabeth wuchs zusammen mit ihrer fünf Jahre älteren Schwester auf. Ihre Mutter heiratete mit 20 Jahren, tauschte übergangslos das Elternhaus gegen das Heim ihres zehn Jahre älteren Mannes, sie absolvierte keine Berufsausbildung und versorgte seit ihrer Heirat den gemeinsamen Haushalt. Alle außerhäuslichen Dinge überließ sie ihrem Mann, einem Bauunternehmer. Er hatte das Sagen und duldete keinen Widerspruch. Seine Dominanz und Strenge bekam Elisabeths ältere Schwester zu spüren, die mit zunehmendem Alter immer weniger bereit war, sich unterzuordnen, und streitbar gegen das väterliche Regelwerk ankämpfte. Weder das Gebrüll des Vaters noch seine Schläge oder tagelanger Hausarrest konnten ihren Widerspruchsgeist brechen. Manchmal drohte ihr der Vater, wenn sie nicht pariere, werde er sie in ein Heim stecken.

Einschneidend war ein Erlebnis im Alter von zwölf Jahren. Wieder einmal kam es zu einem heftigen Streit zwischen dem Vater und der inzwischen 17-jährigen Schwester. Gegen sein ausdrückliches Verbot war diese ausgegangen. Bei ihrer Rückkehr empfing sie der Vater schon im Hausflur mit wütenden Vorhaltungen. Der Schwester patziges »Du hast mir gar nichts vorzuschreiben!« quittierte er mit Schlägen ins Gesicht. Elisabeth, die gerade dabei war, vor dem Hauseingang ihre Schuhe zu putzen, konnte nicht wie sonst der Szene entfliehen. Hin- und hergerissen zwischen der Angst vor dem Vater und dem Mitleiden mit der Schwester klammerte sie sich weinend an den Vater. Auf diesen Ausbruch von Verzweiflung und Ohnmacht reagierte der Vater sichtlich verstört, unfähig, sich gewaltsam von ihr loszureißen. Den Augenblick nutzte die Schwester, um in ihr Zimmer zu laufen und sich

Elisabeths Elefant

Mücke
Unberechtigter Vorwurf der Nachbarin wegen abendlicher Ruhestörung

Aufregung
Gefühl von Bedrohung mit den automatischen Gedanken: »Hoffentlich glaubt sie mir, dass ich es nicht gewesen bin!«

ELEFANT

Wunder Punkt
Angst vor Konflikten und aktuell dem Wutausbruch der Nachbarin. Angst vor Ablehnung und Verlust von Geborgenheit.

Selbstschutzprogramm
Festgefahrene Überzeugungen:
»Ich darf keinen Ärger verursachen!«
»Ich ertrage es nicht, wenn mir jemand böse ist und ich dann Zuneigung und Anerkennung verliere.«

Verhaltensmuster:
Ist nett zu allen Menschen, geht Konflikten aus dem Weg.

Selbstbild: »Ich muss immer brav und nett sein, sonst bin ich nicht liebenswert.«

Bild von anderen Menschen: »Ich werde bestraft, wenn ich mich auflehne.«

Lebensgeschichte: Mangel an stabiler Bindung und Angst vor Wutausbrüchen. Konflikt mit Selbstbestimmung und Abgrenzung.

dort einzuschließen. Seine ihr nachgeschleuderten Beschimpfungen gingen allmählich über in stammelnde Erklärungen gegenüber Elisabeth, warum er dieses aufmüpfige Verhalten keinesfalls tolerieren könne. Später, als die Aufregung nachließ, erfasste Elisabeth ein Gefühl von Stolz und Genugtuung. Vielleicht ein prägendes Ereignis: Seit sie sich erinnern kann, gehörte ihr Herz immer Menschen, die es schwer hatten, sich gegen die Willkür der Mächtigen durchzusetzen. Auf diesem Feld zeigte sie auch in späteren Jahren erstaunlichen Mut und Konfliktbereitschaft, die ihr bei »egoistischen« Interessen nicht zur Verfügung standen.

Ihr Elefant ist rasch skizziert: Am Modell der sehr unselbständigen Mutter und am abschreckenden Vorbild der gegen den despotischen Vater rebellierenden Schwester lernte sie, dass das Grundbedürfnis nach Selbstbestimmung und Abgrenzung ein anderes, wesentlich basaleres Bedürfnis gefährdet, nämlich das Bedürfnis nach Liebe und Geborgenheit. Ihre Mutter, die selbst große Angst vor Auseinandersetzungen mit dem Vater hatte, brachte ihr bei, alles zu unterlassen, was seinen Zorn hätte provozieren können. Dazu musste man feine Antennen für Gefahrensignale entwickeln, Einfühlsamkeit in andere und Anpassungsfähigkeit wurden ihre Bewältigungsstrategien. Hinzu kam die Erfahrung, dass es gut ist, sich unselbständig zu zeigen, da dies das Bedürfnis der Eltern nach Fürsorglichkeit und Dominanz befriedigte.

■ Elefant 2: »Ich werde nicht respektiert« (Stefans Elefant)

Bei dem Ärger von Stefan geht es um mehr als die Unsicherheit, ist da nun ein Kratzer oder nicht. Stefans passend unpassende Wortwahl, es könnten ja »innere Verletzungen« sein, bringt die Sache auf den Punkt. Es ist die Art, wie der andere Autofahrer mit seiner Sorge um sein neues Auto umgeht, die ihn in Rage bringt; er empfindet dies als mangelnden Respekt, und das verletzt ihn persönlich.

Stefan wuchs als mittleres Kind zusammen mit seinem älteren Bruder und seiner jüngeren Schwester in einfachen Verhältnissen auf. Seine Kindheit empfand er als »normal«, d.h. er erinnert sich an keine einschneidenden Erlebnisse. Von seinen Eltern fühlte er sich geliebt, wenn auch manchmal im Schatten seiner Geschwister stehend. Sein Vater war Facharbeiter in einer Autowerkstätte, seine Mutter versorgte den Haushalt, nachdem sie wegen der Kinder ihren Beruf als Büroangestellte aufgegeben hatte. Die Familie wohnte in einem kleinen, von den Großeltern ererbten Haus in einer Umgebung, die in seiner Kindheit noch aus weitläufigen Wiesen bestand. Im Laufe der Jahre wurden diese Flächen mit stattlichen Häusern zugebaut und die natürlichen Spielplätze mussten eingezäunten Gärten und asphaltierten Straßen weichen. Vor den Häusern parkten – wie Stefan sich ausdrückte – »angeberische« Autos, die beim Fußballspiel auf der Straße im Wege standen, wofür sich freilich niemals ein Autobesitzer entschuldigte. Häufig beschwerten sich dagegen die Nachbarn bei den Eltern, was diesen äußerst peinlich war, da sie sich ihnen unterlegen fühlten. Nicht unangenehm aufzufallen, wurde angesichts des Statusunterschieds zu ihrer wichtigsten Devise. Als besonders erniedrigend hat Stefan in Erinnerung, dass er sich einmal auf Druck der Eltern bei einem Nachbarn persönlich entschuldigen musste, weil erneut mit blechernem Geräusch ein nasser Fußball auf der Motorhaube eines solchen »Protzautos« gelandet war – natürlich vollkommen aus Versehen! Diese erzwungene Demutsgebärde verletzte seinen Stolz. Lieber hätte er – wie es seinem Naturell entsprach – seinem Zorn Luft gemacht. Vergeblich wartete Stefan auf den Tag, da seine Eltern einmal für ihn Partei ergriffen hätten, schließlich war das seine Spielstraße, längst bevor diese »Neureichen« alles in Besitz genommen hatten.

Noch eine Autogeschichte kam Stefan in Erinnerung: Als Zehnjähriger besuchte er einmal seinen Vater an dessen Arbeitsplatz. Dieser wollte gerade eine Probefahrt mit einer luxuriösen Limousine machen, und Stefan durfte mitfahren. Nicht nur das Fahren an sich, mehr noch die, wie er meinte, neidischen Blicke einiger Passanten bescherten ihm ein unvergessliches Hochgefühl.

Sein generell niedriges Selbstwertgefühl litt in der Zeit der Pubertät auch darunter, dass sein Freundeskreis sich auflöste,

Stefans Elefant

Mücke
Vermeintliche Beschädigung seines neuen Autos; kühl-sachliche Reaktion des anderen Autofahrers

Aufregung
Wut und anhaltender Groll mit dem automatischen Gedanken: »So lasse ich mich nicht behandeln!«

ELEFANT

Wunder Punkt
Fühlt sich übergangen und gedemütigt. Vermisst Achtung und Wertschätzung.

Selbstschutzprogramm
Festgefahrene Überzeugungen: »Ich muss mich zur Wehr setzen, sonst werde ich nicht ernst genommen!«

Verhaltensmuster:
Fordert lautstark sein Recht.
Sucht Bestätigung anderer.
Setzt andere Personen herab.

Selbstbild: »Ich bin anderen unterlegen, andere sind etwas Besseres.«

Bild von anderen Menschen: »Die meisten sind arrogant und sehen aufgrund meiner Herkunft auf mich herab.«

Lebensgeschichte: Kränkungen durch soziale Statusunterschiede, Mangel an Verständnis und Schutz.

weil im Gegensatz zu ihm die meisten nun auf höhere Schulen wechselten. Seine Fußballkünste waren nicht mehr gefragt, gingen seine ehemaligen Freunde doch jetzt zum Reiten oder Tennisspielen.

Beruflich trat Stefan in die Fußstapfen des Vaters. Er absolvierte eine Lehre als Automechaniker, ließ sich zum Meister ausbilden und erreichte mit seinen jetzt 31 Jahren eine anerkannte Stellung bei einem Hersteller nobler Automobile.

Der vermeintliche Kratzer an seinem Auto und die kühle Reaktion des anderen Autofahrers bedrohten sein Grundbedürfnis nach Achtung seiner Person. Das als arrogant erlebte Verhalten des anderen rief alte Kränkungen wach. Wie ein dummer Junge fühlte er sich stehengelassen, er und sein Sechszylinder erfuhren keinerlei Respekt. Selbst die Drohung mit der Autorität der Polizei verhallte wirkungslos – sie wäre auch nicht gekommen, genauso wenig wie ihm früher sein Vater beigestanden hatte.

Sich »von oben herab« behandelt zu fühlen, ist für Stefan ein wunder Punkt, der auch durch seine geachtete berufliche Stellung und Statussymbole (wie sein neues großes Auto und sein eigenes inzwischen erworbenes Haus) nicht ausheilen will. Mit derartigen Bewältigungsversuchen bleibt sein Selbstwertgefühl abhängig von der Bestätigung anderer, auf die er bei Enttäuschungen entsprechend seinen Groll richtet.

■ Elefant 3: »Ich kann mich nicht abgrenzen« (Peters Elefant)

Die Brisanz des Partnerkonflikts um herumliegende Socken ergibt sich aus dem Zusammentreffen zweier individueller Elefanten. Im einleitenden Kapitel stand Annas Elefant im Vordergrund. Dies könnte den Eindruck erwecken, dass das eheliche Problem vor allem aus Annas Unzufriedenheit bestehe. Wenn sie nicht dauernd etwas an Peter auszusetzen hätte und anerkennen würde, dass Peter oft Wichtigeres im Kopf hat als unaufgeräumte Socken, dann wäre doch alles in Ordnung. Eine solch oberflächliche Sicht entsprach Peters anfänglicher Einschätzung des Problems: »Wenn Anna doch endlich mal mit ihrem Genörgel aufhören würde!« Peter nimmt für sich in Anspruch, dass er, wenn er schon den ganzen Tag in seiner Firma hart arbeiten muss, das Recht habe, sich (und seine Socken) abends fallen zu lassen. Er sei dann erschöpft und brauche Ruhe. So gesehen reklamiert er die Erfüllung des Grundbedürfnisses nach Verständnis. Die Vorwürfe seiner Frau lassen ihn jedoch nicht kalt. Er ist sich durchaus bewusst, wie viel Anna für den Umzug nach München aufgegeben hat, dass sie ihren Job vermisst und dass das leer stehende Kinderzimmer sie ständig an ihren unerfüllten Kinderwunsch erinnert. Auch sind die Zeiten des Verliebtseins etwas abgeklungen, er ist zu selten ein aufmerksamer Partner, es bleibt zu wenig Zeit und Energie für innige Zweisamkeit.

Für diese Situation fühlt er sich mitverantwortlich. Warum aber ist es für ihn so schwer, darüber zu reden und gemeinsam eine Lösung zu suchen? Warum versteckt er sich mit seinen Schuldgefühlen hinter seiner Zeitung?

Zum tieferen Verständnis werfen wir wiederum einen Blick auf seine Lebensgeschichte.

Peter ist als Einzelkind aufgewachsen. Sein Vater war Lokführer und deshalb wenig zu Hause, die Erziehung überließ er weitgehend seiner Frau. Diese hatte bis kurz vor Peters Geburt als Krankenschwester gearbeitet und widmete sich nun ausschließlich ihrem Sohn. Sie war immer für ihn da, er wurde der Mittelpunkt ihres Lebens, war ihr Ein und Alles. Gerne erinnert er sich an die Geburtstagsfeste seiner Kindheit, er durfte viele Freunde einladen und die Mutter ließ sich immer tolle Spiele einfallen. Da war er der Prinz, immer im Mittelpunkt. Aus heutiger Sicht ist Peter überzeugt, es wäre seiner Mutter am liebsten gewesen, er wäre ein kleines Kind geblieben. Seinen Trotz und seine Auflehnung zu respektieren, war nicht ihre Stärke, es fiel ihr nicht leicht, ihm Freiräume zu gewähren. Kam er nicht pünktlich nach Hause, war sie gleich beunruhigt, empfing ihn dann wie ein »lebendiger Vorwurf«. Peter zog sich oft in Phantasiewelten zurück; er erinnert sich an blutrünstige Monster, die er brutal vernichtete. Sein Kinderzimmer war – dank der Mutter – immer penibel aufgeräumt und bis in seine Pubertätszeit trug er Kleidung, die seine Mutter für ihn ausgesucht hatte. Er war 15 Jahre alt,

Peters Elefant

Mücke
Annas gereizte Aufforderung aufzuräumen.

Aufregung
Gefühl von Ärger mit dem automatischen Gedanken: »Nun fängt sie schon wieder an zu nörgeln! Das halte ich nicht aus!«

ELEFANT

Wunder Punkt
Angst vor Konflikten, in den Ärger mischen sich alte und neue Schuldgefühle. Vermisst Verständnis und kann sich nicht abgrenzen.

Selbstschutzprogramm
Festgefahrene Überzeugungen:
»Ich verliere die Zuwendung, wenn ich mich abgrenze!«
»An der Unzufriedenheit meiner Frau bin ich schuld!«

Verhaltensmuster:
Betont seine Erschöpfung, zieht sich zurück, vermeidet Konflikte und offene Aussprache

Selbstbild: »Wenn ich eigene Bedürfnisse äußere, werde ich nicht gemocht.«

Bild von anderen Menschen: »Andere machen mich für ihre Unzufriedenheit verantwortlich und wollen über mich bestimmen.«

Lebensgeschichte: Missachtung von Selbstbestimmung aufgrund der Vereinnahmung durch die Mutter, Konflikt mit Abgrenzungsbedürfnis als sich Folgendes zutrug: Seine Mutter hatte ihm eigenmächtig eine neue Hose gekauft, leider vom Schnitt her »völlig out«. Mit einer aggressiven Handbewegung hatte er die Hose zurückgewiesen, was seine empfindliche Mutter wohl wie den »Ansatz zu einer Tätlichkeit« erlebte. Jedenfalls war ihr Vorwurf: »Was erlaubst du dir!« ihre letzten Worte vor einem mehrtägigen beleidigten Schweigen. Erst als Peter an einer Magenverstimmung erkrankte, war sie wieder die fürsorgliche Mutter.

Selbst als er mit 20 Jahren auszog, um weiter weg zu studieren, hatte Peter ein schlechtes Gewissen, weil er den Wunsch der Mutter, eine Universität in der Nähe zu wählen, nicht erfüllen wollte.

Das Verhältnis zum Vater war ganz anders. In die Erziehung hatte dieser kaum eingegriffen, er war aber stolz auf Peter – erst auf die schulischen Leistungen, später auf sein Studium und seine berufliche Karriere. Peter liebte seinen Vater mehr als seine Mutter, vielleicht weil er so selten da war. Manchmal schien es ihm, als sei seine Mutter auf den Vater eifersüchtig. Peter erinnert sich, dass sie ihn, wenn er mit dem Vater in dessen Hobbywerkstatt bastelte, häufig mahnte, doch erst mal seine Schulaufgaben zu erledigen.

Insgesamt denkt er ohne Gram und dankbar an seine Kindheit und Jugend und hat »volles Verständnis« für die Überfürsorglichkeit seiner Mutter: »Mütter sind halt so!« Es sei ja schließlich »etwas aus ihm geworden« und er könne mit seinem Leben zufrieden sein.

Und doch blieb ein Stachel, der einen wunden Punkt nicht ausheilen ließ. Peters Grundbedürfnis nach Abgrenzung und Autonomie rieb sich ständig an der vereinnahmenden Liebe seiner Mutter. Er konnte es schwer ertragen, sie sorgenvoll oder unglücklich zu erleben. Er machte es sich – unbewusst – zur Aufgabe, für sie immer der »liebe Sohn« zu bleiben. Entsprechend lernte er im Sinne einer Bewältigungsstrategie, aggressive Impulse zu unterdrücken und sich im Konfliktfall lieber zurückzuziehen – um den Preis hintergründiger Schuldgefühle und nicht eingestandenen Grolls.

Unschwer erkennen wir hier Peters Elefanten in der Mücke: Die verständliche Unzufriedenheit seiner Frau gemahnt ihn einerseits an seine Vorstellung von partnerschaftlichem Umgang miteinander, nach der es gilt, Kompromisse im Konflikt gegenseitiger Interessen zu finden. Anderseits rühren Annas Vorhaltungen aus banalem Anlass an alte Schuldgefühle und unterdrückte Aggressionen. In einer erhitzten Debatte in einem der ersten Paargespräche brachte er es vorwurfsvoll auf den Punkt: »Du bist manchmal wie meine Mutter!« Zu einem späteren Zeitpunkt räumte er mit Blick auf seinen sichtbar gewordenen Elefanten ein: »Ich fühle mich manchmal wie ein Kind!«

Elefant 4: »Ich vermisse Wertschätzung und Beachtung« (Annas Elefant)

Anna hat ihrem sehnlichen Wunsch nach einer eigenen Familie und einer liebevollen und festen Bindung viel geopfert. Dies allein kann schon ihre Unzufriedenheit erklären. Als Single in Köln konnte sie sich wichtige Grundbedürfnisse nach Eigenständigkeit und beruflicher Anerkennung erfüllen, allerdings auch hier um den Preis, ständig den Erwartungen anderer, also den Vorgaben ihrer Firma, zu entsprechen. Zeit für die Pflege von Hobbys oder andere Freizeitinteressen blieb ihr wenig. Unter ihrer Arbeitsbelastung litten auch die Kontakte zu ihrem Freundeskreis.

Anna wuchs als Zweitälteste zusammen mit einem zwei Jahre älteren Bruder und einer jüngeren Schwester auf. Für die Eltern waren sie alle Wunschkinder. Drei Jahre nach der Geburt der Jüngsten nahm ihre Mutter ihre frühere Halbtagsarbeit als Sekretärin wieder auf, der Vater leitete einen kleinen, von ihm selbst aufgebauten Betrieb in der Elektrobranche. Vormittags waren die Kinder im Kindergarten bzw. später in der Schule. Viel Zeit verbrachte Anna bei einer benachbarten Familie, in der es weniger streng zuging als bei ihr zu Hause. Ihre frühe Kindheit hat sie als eine weitgehend glückliche Zeit in Erinnerung, allerdings hat sie sich schon damals oft um ihre kleine Schwester kümmern müssen. Als sie fünf Jahre alt war, entschlossen sich die Eltern, ein Haus zu bauen. Angesichts knapper finanzieller Mittel arbeitete ihr Vater, soweit es der Betrieb erlaubte, auf der Baustelle mit. Auch die Mutter machte immer häufiger Überstunden. Durch die ständige Arbeitsüberlastung wurde das Klima zu Hause freudloser, die Eltern forderten von den Kindern (besonders von den Mädchen) zunehmend Einsatz im Haushalt, sie selbst arbeiteten jeden Tag bis zur Erschöpfung. Es zählte nur noch Pflichterfüllung. Gemeinsame Spielabende oder Ausflüge gerieten in Vergessenheit. Ferien verbrachte man nur noch zu Hause oder schickte die Kinder in Freizeitlager. Mit persönlichen Problemen blieb Anna allein, auch waren die Eltern kein Vorbild für liebevollen, partnerschaftlichen Umgang miteinander.

Anna erinnert sich, wie sie schon im Grundschulalter nach Erledigung der Hausaufgaben die Küche putzte, gründlich, bis alles glänzte, und in Gedanken vorwegnahm, wie sie ihre Mutter beim Nachhausekommen loben würde. Dann erlebte sie rare Momente eines freundlichen Lächelns oder einer anerkennenden Bemerkung. War der Vater überhaupt einmal zu Hause, brauchte er Ruhe oder schimpfte auf Handwerker. Auch nach der Fertigstellung des Hauses kehrte keine Lebensfreude in die neuen Räume ein. Die Mutter blieb bei ihren Überstunden, der Vater vergrößerte den Betrieb, wie es hieß, um das Haus abzubezahlen. Während einer Therapiesitzung fiel ihr ein Gedanke wieder ein, der ihr an ihrem 10. Geburtstag durch den Kopf gegangen war: Bei dem Lied »Viel Glück und viel Segen …« sang ihrer Erinnerung nach die Familie immer am Schluss: »Gesundheit und Wohlstand sei auch mit dabei.« Warum sang man dagegen in der Nachbarsfamilie an dieser Stelle: »Gesundheit und Frohsinn«? Nur ein kleiner Unterschied, der aber vielleicht Welten trennte?

Der Blick auf Annas Elefant zeigt, dass sie in ihrer Familie vor allem Beachtung, Wertschätzung und Einfühlung vermisste. Beachtung und Wertschätzung bekam sie nur, wenn sie zu Hause nach Kräften mithalf (ihre Bewältigungsstrategie). Das oberste Gebot der Pflichterfüllung behinderte die Entfaltung ande-

Annas Elefant

Mücke
Anblick von Peters herumliegenden Socken und Zeitungen.

Aufregung
Ärger mit automatischen Gedanken: »Immer muss ich hinter ihm herräumen. Ich bin doch nicht sein Dienstmädchen!«

ELEFANT

Wunder Punkt
Angst vor Konflikten und Unzufriedenheit mit ihrer Lebenssituation. Gefühlsgemisch aus Ärger und Enttäuschung. Vermisst Wertschätzung und Selbstbestimmung.

Selbstschutzprogramm
Festgefahrene Überzeugungen:
»Ich muss meine persönlichen Wünsche zurückstellen!«
»Wer seine Pflicht erfüllt, erhält Geborgenheit und Wertschätzung.«

Verhaltensmuster:
Bemüht sich um einen perfekten Haushalt, schluckt ihre generelle Unzufriedenheit hinunter und nörgelt an »Kleinigkeiten« herum

Selbstbild: »Ich selbst bin nicht wichtig.«

Bild von anderen Menschen: »Jeder erfüllt nur seine Pflicht, alle sind immer erschöpft und haben keine Zeit füreinander. Meine eigenen Bedürfnisse würden die anderen überfordern.«

Lebensgeschichte: Mangel an liebevoller Zuwendung, Konflikte mit Neugier, Selbstbestimmung und Abgrenzung rer Grundbedürfnisse wie Neugier und Selbstbestimmung. Erprobungsfelder dafür fand sie erst mit zunehmendem Alter und außerhalb der Ursprungsfamilie im viel freieren Kontakt mit Gleichaltrigen. Garant für die Geborgenheit in der eigenen Familie blieb die Befolgung elterlicher Normen.

Annas Elefant beinhaltet also eine überholte Bewältigungsstrategie zur Erfüllung frustrierter Grundbedürfnisse. Die alte Regel – »wenn ich den Haushalt ordentlich führe, bekomme ich Anerkennung und erhalte mir die Geborgenheit meines Zuhauses« – funktionierte nicht mehr und war für sie selbst nicht mehr stimmig. In einer engen Bindung selbstbestimmt zu handeln ist für Anna Neuland, behaftet mit dem vermeintlichen Risiko, die Beziehung zu gefährden. Der Rat ihrer besten Freundin – »such dir doch erst mal einen befriedigenden Job und lass deinen Mann seine Socken selber waschen« – war nahe liegend. Aber war es das, was sie wirklich suchte? Das wäre nur ein Teil der Lösung, ersehnte sie sich doch nach ihrem Singledasein eine liebevolle Gemeinschaft mit ihrem Mann.

Bildlich gesprochen zeigten seit Verlassen der frühen Kindheit zahlreiche Gebotsschilder auf ihrem Lebenslehrpfad an, was zu tun oder zu unterlassen sei. Auf spontane Impulse, Gefühle und Bedürfnisse zu achten, die Wegweiser zur Entwicklung eines autonomen Selbst hätten sein können, verbot sich, zu ihnen verlor sie den Zugang. Mit dem Auszug von zuhause schlug sie zwar ihren eigenen Weg ein, zwängte sich aber wieder in die Maßgaben von Pflichterfüllung und Leistungserbringung, diesmal im Dienste ihrer beruflichen Karriere und finanziellen Unabhängigkeit. In der Liebe zu Peter erlebte sie zunächst das Gefühl, sie werde als der Mensch angenommen, der sie ist, ohne etwas durch Leistung hinzufügen zu müssen. Sie wähnte sich – wie im Märchen – wachgeküsst, gleichsam am Morgen eines Tages, an dem alles anders würde. Zeit füreinander zu haben, sich gemeinsam auf Entdeckungsreise zu begeben, schwach sein zu dürfen, sich anlehnen zu können, elterliches Glück zu erleben, das waren die Verheißungen ihrer Liebe. In München erwies sich dieses vermeintliche Geschenk in düsteren Momenten als Mogelpackung. Bei den Konflikten mit Peter spürte sie entsprechend eine tiefe Enttäuschung und ein Gefühl der Hilflosigkeit, da die alten Bewältigungsstrategien, wie Pflichterfüllung und Unterdrückung eigener Gefühle, nicht mehr funktionierten. Und außerdem hatte sie sich einen Mann ausgesucht, der, wie ihre Mutter, auf Belastungen mit Rückzug reagierte.

Beide, Peter und Anna, bemühen sich um die Erfüllung wichtiger Bedürfnisse, allerdings ohne sie auf Anhieb benennen zu können.

Peter macht einen guten Job und möchte dafür Anerkennung auch von seiner Frau, zumal er das Geld für ein wohlsituiertes Leben herbeischafft. Ihm bleibt nach seiner Einschätzung zu wenig Energie, um noch im Haushalt mitzuhelfen, vor allem aber fühlt er sich hilflos, Annas Unzufriedenheit zu beseitigen. Er spürt, dass es um mehr geht als um herumliegende Socken, aber er entzieht sich einer Auseinandersetzung. Er fühlt sich, wie schon in seiner Kindheit, schuldig, weil er den Erwartungen anderer nicht entsprechen kann. Sein unterdrückter Ärger richtet sich gleichermaßen gegen sich selbst, weil er alte Schuldgefühle nicht abschütteln kann, wie auch gegen seine Frau, die in ihm diese Schuldgefühle auslöst. Er versucht eine Lösung nach dem Motto: »Ich sorge (finanziell) für dich und du sorgst (im Haushalt) für mich.«

Bei Anna löst die Konfrontation mit Peters Socken zunächst Ärger auf den Partner aus. Er respektiert ihr Ordnungsbedürfnis nicht und erkennt nicht an, wie viel Mühe sie sich für die Gestaltung eines wohnlichen Zuhauses gibt. Gleichzeitig passt ihr kindliches Bewältigungsmuster nicht mehr zu ihrem Selbstverständnis als erwachsene Frau: Für ein Lächeln der Mutter bzw. des Ehemanns putzen, bis alles glänzt, soll das heute ihr höchstes Glück sein?! Diese Gleichung geht schon längst nicht mehr auf, spiegelt sie doch eine kindliche Abhängigkeit, die sie durch ihr eigenständiges Leben überwunden zu haben glaubte. Sie ärgert sich also auch über sich selbst, weil sie sich hilflos fühlt und nicht weiß, wie ein selbstbestimmtes Leben, jenseits einseitiger Orientierung an Leistungs- und Pflichterfüllung, aussehen könnte. In ihrem elterlichen Zuhause fand sie weder ein Vorbild noch Verständnis dafür, die eigenen Bedürfnisse zu spüren und zum Ausdruck zu bringen, sich gegenüber Erwartungen anderer abzugrenzen und sich dennoch die Liebe und Geborgenheit zu erhalten.

Vor diesem Hintergrund sind die herumliegenden Socken also alles andere als eine Kleinigkeit, rufen sie doch alte Gefühle wach und untaugliche Schutzprogramme, die wiederum die Grundbedürfnisse des anderen verletzen. Das Ganze schaukelt sich gegenseitig auf, Verständnis füreinander wird so immer schwieriger.

Elefant 5: »Ich gehöre nicht dazu« (Sebastians Elefant)

Sie erinnern sich: Nach dem kurzen Telefonat wegen der Proviantabsprache empfindet Sebastian ein vages Gefühl der Enttäuschung. Die Freude auf die Urlaubstage mit den Freunden ist ihm plötzlich vergangen. Er fühlt sich müde und reagiert misslaunig. Sein erster, sich automatisch einstellender Gedanke ist: »Wenn die nur für sich selbst einkaufen, brauchen sie uns nicht, wollen eigentlich uns oder zumindest mich gar nicht dabeihaben.« Und weiter, worüber er nicht so gerne nachdenkt: »Es sind ohnehin alles Freunde meiner Frau, ich bin nur ihr Anhängsel.« Erlöst wird er durch den keineswegs als störend empfundenen Anruf seines Mitarbeiters. Er hat den richtigen Einfall zur Problemlösung. Sein automatischer Gedanke ist: »Ohne mich sind die aufgeschmissen.« Dies gibt ihm die Gewissheit, gebraucht zu werden: »Die sind froh, wenn ich wieder da bin.« In der Therapie wurde Herrn T. bewusst, dass er häufig solche Gedanken hegt (und pflegt). Er reagiert dann wie bei den beiden Telefonaten gemäß der festgefahrenen Überzeugung: »Nur wenn ich gebraucht werde, kann ich sicher sein dazuzugehören.« Die Gefahr der Verletzung seines Grundbedürfnisses nach Zugehörigkeit bewältigt er nach der Regel: »Nur wenn ich Besonderes leiste, werde ich gebraucht. Also strenge ich mich an!« Dieses komplexe Reaktionsmuster ließ sich in den therapeutischen Gesprächen auf folgendes Selbstbild zurückführen: »Wenn ich nichts leiste, bin ich als Person nicht viel wert.«

Damit haben wir den Elefanten umrissen. Sebastians Bild

von sich selbst ist aber keineswegs immer so negativ. Er ist sich verschiedener Stärken durchaus bewusst und wird nur selten von solchen Selbstzweifeln heimgesucht. Er ist stolz auf seine Leistungen. Dennoch gibt es auch dieses ungünstige Schema, das gelegentlich aktiviert wird und dessen Entstehung uns nun beschäftigen soll. Erzählungen aus seiner Kindheit und Jugend liefern uns die passenden Puzzlesteine.

Sebastians Eltern hatten einen Schreinereibetrieb. In seiner Erinnerung gab es immer viel Arbeit. Von Kindheit an mussten er und seine drei jüngeren Geschwister im Rahmen ihrer Möglichkeiten mithelfen (und z.B. die Werkstatt kehren). Die Eltern waren sehr verschlossen und hatten wohl ein distanziertes Verhältnis zueinander. Über Persönliches wurde nicht gesprochen. Die Mutter, so vermutet er, hätte lieber ein bürgerliches Leben geführt. Vielleicht habe sie aus existenzieller Not oder aus einem Sicherheitsbedürfnis in der Nachkriegszeit in einen gut gehenden Handwerksbetrieb eingeheiratet. Sebastian war ein Wunschkind und erfreute sich in seinen ersten beiden Lebensjahren der liebevollen Zuwendung seiner Eltern. Mit der Geburt seines drei Jahre jüngeren Bruders und der rasch nachfolgenden anderen Geschwister wurde er ziemlich unvorbereitet »vom Thron gestürzt«, was er kurzzeitig mit heftiger Eifersucht beantwortete. Seine Eltern zeigten dafür wenig Verständnis: »Du bist doch schon viel größer und vernünftiger!«, war ihr häufiger Hinweis – gut gemeint, aber dennoch für ihn enttäuschend und somit nicht hilfreich.

Nach dieser anfänglichen Krise wuchs sein Selbstbewusstsein, da er sich als wichtige Stütze seiner Eltern fühlen konnte. Das bedeutete freilich auch, dass er als Ältester oft auf die Geschwister aufpassen musste. Zeit zum Spielen blieb kaum, es gab weder einen Kindergarten im Ort noch Kinder in seinem Alter. Die Mutter legte großen Wert auf schulische Bildung, welche ihr selbst verwehrt geblieben war. Nach dem Besuch der Grundschule gingen alle Geschwister auf das Gymnasium in einer zehn Kilometer entfernten Stadt. Mit guten schulischen Leistungen erfüllte Sebastian die Erwartungen der Mutter, sein Vater dagegen interessierte sich nicht für seine Erfolge, sah er doch seine Hoffnung schwinden, sein Ältester könnte einmal den Betrieb übernehmen. Da war sein jüngerer Bruder mit seinem handwerklichen Geschick schon eher nach Vaters Geschmack. Zu erleben, wie sein Vater den Bruder lobte und ihm handwerkliche Fertigkeiten beibrachte, war für ihn bitter. »Ich bin nicht so, wie er mich gerne hätte.« Was konnte er in seiner Not, die er längst noch nicht in Worte fassen konnte, tun? Eine Bewältigungsstrategie hatte er bereits entwickelt: »Wenn ich im Haushalt und in der Werkstatt mithelfe, dann werde ich gebraucht und gehöre dazu.«

Dass er in der Schule zum Außenseiter wurde, hatte verschiedene Gründe. Er hatte nicht wie andere Kinder schon im Kindergarten gelernt, wie man Freunde gewinnt und sich seinen Platz in einer Gruppe Gleichaltriger erobert. Da er immer gleich nach der Schule nach Hause radeln musste, war er nicht dabei, wenn sich die anderen zum Spielen trafen, Streiche ausheckten, ins Schwimmbad gingen oder in der Eisdiele Neuigkeiten austauschten. Er wurde ja zu Hause gebraucht. Interessant war er für seine Mitschüler, wenn diese im Unterricht etwas nicht verstanden hatten und er ihnen als häufig Klassenbester auf die Sprünge helfen konnte. In solchen Augenblicken war er gefragt und willkommen. Auch hier nützte ihm also die oben genannte Strategie. Dies erregte allerdings die Missgunst einiger Mitschüler, die nichts ausließen, um ihm eins auszuwischen. Ein Ereignis, das ihm während der Therapie in Erinnerung kam, erfüllt ihn noch heute mit Scham und Wut: Während des Unterrichts rief ein hinter ihm sitzender Mitschüler laut: »Guckt mal, der Sebastian ist ein Holzkopf!« Wie aus einem unsinnigen Prüfreflex oder aus Verlegenheit fuhr sich Sebastian über den Kopf; einige Hobelspäne rieselten auf seinen Tisch, geräuschlos, innerlich empfand er es jedoch wie einen donnernden Felssturz. Alle kicherten. Auch der eine Junge, den er bewunderte und um dessen Freundschaft er sich vergeblich bemühte, lachte mit. Sebastian brachte kein Wort über die Lippen. Hätte er erklären sollen, dass er am Morgen die Werkstatt seines Vaters gekehrt hatte? Dass er auch zu Hause besonders fleißig war, um seinem Bruder gegenüber nicht ins Hintertreffen zu geraten? Tagelang blieb er unansprechbar. Erst als eine Mitschülerin ihn nach einer Sechs

Sebastians Elefant

Mücke
Die knappe, unfreundlich klingende Antwort des Freundes

Aufregung
Plötzliches Gefühl von Enttäuschung und Verunsicherung mit dem automatischen Gedanken: »Die brauchen mich nicht.«

ELEFANT

Wunder Punkt
Angst vor Zurückweisung, vermisst stabile Bindung.

Selbstschutzprogramm
Festgefahrene Überzeugung: »Ich bin nicht willkommen. Nur wenn ich etwas leiste, werde ich gebraucht.«

Verhaltensmuster: Zieht sich aus Angst vor Enttäuschung zurück.

Selbstbild: »Ich genüge nicht, so wie ich bin.«

Bild von anderen Menschen: »Die Menschen sind nur freundlich zu einem, wenn sie dich brauchen.«

Lebensgeschichte: Mangelnde Zugehörigkeit und geringes Verständnis.

in Mathematik um Hilfe bat, fand er zu seinem Gleichgewicht zurück.

Sebastians weiterer Lebensweg verlief unauffällig. Sein Fleiß und seine Begabung führten ihn über Abitur und Studium zu einer beruflich erfolgreichen Laufbahn. Die Heirat mit einer Kollegin erlöste ihn aus seinen wiederkehrenden Einsamkeitsgefühlen. Dennoch blieb ein wunder Punkt: Zwischenmenschliche Situationen, in denen er die Frage, ob er willkommen war, nicht eindeutig zu bejahen vermochte, aktivierten sein altes Schema.

In der eingangs erzählten Geschichte erkennen wir unschwer Sebastians Muster: Fühlt er sich gebraucht, geht es ihm gut, zweifelt er daran, meldet sich sein Elefant. Wenn er unsicher ist, zieht er sich lieber zurück, um die Situation unter Kontrolle zu haben. Vor der Therapie war ihm dieser Zusammenhang nicht bewusst. Sein (nach der festgefahrenen Überzeugung folgerichtiges) Handeln geriet ihm zum Problem, da seine Leistungsbereitschaft in zunehmende Überforderung und Erschöpfung mündete. Durch seinen sozialen Rückzug vermied er zwar Kränkungen und behielt so kurzfristig die Kontrolle, dies allerdings um den Preis seiner Einsamkeit. So gesehen waren seine Lösungsversuche dazu angetan, ihn in einen Teufelskreis zu verstricken. Zwei Jahre vor Therapiebeginn geriet er erstmals in eine schwere Krise: Seine Abteilung, die er bis dahin geleitet hatte, wurde im Zuge einer Umstrukturierung aufgelöst, und er bekam einen Posten mit neuen Aufgaben, mit denen er sich zunächst wenig auskannte. Seine anfänglichen Kompetenzdefizite konnte er zwar durch seinen immensen Fleiß rasch ausgleichen, für die in der neuen Organisation ausbrechenden Macht- und Zuständigkeitskämpfe war er jedoch nicht gerüstet. Auf menschliche Enttäuschungen und mangelnde Anerkennung reagierte er immer häufiger mit Depressionen. Aus diesem Grund begab er sich in psychotherapeutische Behandlung.

Die Lebensgeschichte von Sebastian ist vergleichsweise undramatisch. Er hatte das Glück, dass seine Grundbedürfnisse nach Liebe und Geborgenheit in seinen ersten drei Lebensjahren erfüllt wurden. Erst durch die Geburt seiner Brüder geriet er ins

Hintertreffen; die Schulsituation verstärkte das Gefühl, nicht dazuzugehören. Sebastians Grundbedürfnisse nach stabiler Bindung, insbesondere nach Zugehörigkeit und einfühlendem Verständnis, sowie nach Wertschätzung und Beachtung wurden nicht mehr ausreichend befriedigt. Darunter litt sein Selbstwertgefühl, ein negatives Selbstbild entstand. Durch besondere Leistung versuchte er, dies zu kompensieren. Fühlte er sich nicht gebraucht, ging er Kontakten aus dem Weg: So wurde sozialer Rückzug zu einer weiteren Bewältigungsstrategie. Diese Schutzprogramme waren und sind kurzfristig erfolgreich. Sie behinderten und verhindern langfristig gesehen jedoch den Erwerb alternativer Bewältigungsmöglichkeiten, z.B. in Form von sozialen Fertigkeiten. Bei Berührungen des wunden Punkts (die Unsicherheit, ob er willkommen ist) erlebt er Stimmungseinbrüche, die er sich vor der Therapie nicht erklären konnte. Überkommene Verarbeitungsmuster, die bei Stress zum Einsatz kommen, engen Sebastians Denk- und Handlungsspielraum ein.

Welchen Nutzen kann Sebastian aus diesen Erkenntnissen ziehen?

Zunächst einmal macht er die Erfahrung, dass es sich lohnt, seine Gefühle auch dann ernst zu nehmen, wenn sie ihm und seinen Mitmenschen unangemessen erscheinen. Damit vollzieht er einen Schritt in Richtung größerer Selbstachtung. Sodann verhilft ihm die Kenntnis seines Elefanten zu einer tieferen Einsicht, warum er manchmal in ein negatives Fahrwasser gerät. Er lernt, bei unangenehmen Gefühlen innezuhalten, um ihre Bedeutung zu würdigen. So ist ihm nun auch klar, was er im Urlaub befürchtet hat, als er schlecht gelaunt ankam. Er weiß heute, was er häufig vermisst und was er wirklich braucht. Und wie Sebastian all dies in eigenes Handeln umsetzen kann, lesen Sie in *Kapitel 5*.

So weit zu unseren Eingangsgeschichten. Aus der Herde denkbarer Elefanten möchte ich im Folgenden noch zwei herausgreifen, die mir neben den genannten besonders häufig begegnet sind.

■ Elefant 6: »Ich muss immer zurückstehen« (Sibylles Elefant)

Im Leben geht es selten gerecht zu. Gerechtigkeit ist ein hoher ethischer Maßstab. »Gleiches Recht für alle, denn alle Menschen sind gleich« ist ein alter Menschheitstraum. Realität sind Verteilungskämpfe vom kalten Buffet bis zum weltweiten Kampf um Ressourcen. Die Bereitschaft, uneigennützig zu teilen, haben wir gelernt (oder auch nicht). Sie ist in der Regel an bestimmte Bedingungen geknüpft: ob wir uns die Not des anderen zu eigen machen, ob wir dessen Benachteiligung als selbst- oder fremdverschuldet ansehen, ob wir uns selbst benachteiligt fühlen und vieles andere.

Das Gefühl, häufig zu kurz zu kommen, geht wiederum auf Erfahrungen in unserer Lerngeschichte zurück. Die Mücken dazu können beispielsweise folgendermaßen aussehen:

- Sibylle B. steht mit ihrem Einkaufskorb in einer Warteschlange an der Supermarktkasse. Wegen des großen Andrangs wird eine zweite Kasse geöffnet, die sie nach kurzem Zögern im Gewühl der Einkaufswägen zu erreichen versucht. Dabei stößt sie mit einem anderen Kunden zusammen, der gerade gekommen ist und noch keine Sekunde angestanden hat. Mit gepresster Stimme zischt sie ihn an: »Sie stellen sich bitte wie alle anderen hinten an!« Der andere empfindet seinen Vorteil als glückliche Fügung und wehrt ab: »Leider hatten Sie das Pech, in der falschen Schlange zu stehen …«
  Sibylle empfindet diese Antwort als ausgesprochene Frechheit, die sie sich selbst niemals erlauben würde. Sie könnte platzen vor Wut – und schweigt, da ihr die Worte fehlen. »Die Menschen sind einfach rücksichtslos. Das nächste Mal lasse ich mir das nicht mehr gefallen. Ich werde einen solchen Menschen vor allen Anwesenden als Rüpel bloßstellen. So eine Rücksichtslosigkeit …« Diese Gedanken besetzen ihr Gehirn für eine halbe Stunde und melden sich noch einmal zermürbend nachts vor dem Einschlafen – wie immer mit dem inneren Kommentar: »Das nächste Mal ziehst du ja doch wieder den Schwanz ein!«
- Paul T. hat in einem Restaurant Platz genommen. Der Ober in seinem ständigen Eilschritt erscheint ihm überfordert; er

stellt sich auf eine gewisse Wartezeit ein, wird aber schließlich ungeduldig. Sein Fuchteln mit ausgestrecktem Arm zeigt keine Resonanz. Am Nebentisch lässt sich derweil eine größere Gruppe von Gästen nieder. Sogleich eilt der Ober dorthin und verteilt die Speisekarten, hält noch einen kleinen Plausch und ist schon wieder weg. Frustriert lässt Paul den Arm sinken. Als der Ober gleich darauf am Nebentisch die Bestellung aufnimmt, springt Paul auf und schnauzt diesen an: »Wo haben Sie Ihre Augen, ich warte auf Sie schon seit zehn Minuten!« Um anschließend in Grübeln zu verfallen: »Was habe ich an mir, dass ich immer wieder übergangen werde?«

- Annette M. ist seit fünf Jahren verheiratet. Sie arbeitet halb-, ihr Mann ganztags. Ihr Mann muss ausnahmsweise an einem Samstag noch einmal ins Büro. Die Woche war für ihn anstrengend, was er schon am Abend zuvor stöhnend zum Ausdruck gebracht hat. Bei der morgendlichen Verabschiedung fällt ihm ein, dass er nicht, wie sonst üblich, den Wochenendeinkauf erledigen kann. Daher äußert er die Bitte: »Könntest du vielleicht etwas zu essen besorgen? Ich komme heute nicht dazu.« Sie denkt: »Auch das noch, jetzt ist er schon dauernd im Büro und ich soll wieder mal die Suppe auslöffeln!« Sie sagt: »Was soll ich denn einkaufen?« Er: »Irgendwas, ist nicht so wichtig, was du halt kochen magst.« Sie mit deutlich gereizter Stimme: »Warum glaubst du, dass *ich* kochen soll?« Ihr Mann, schon halb zur Tür hinaus, jetzt auch mit genervtem Unterton: »Siehst du nicht, dass ich es eilig habe? Ich habe jetzt keine Zeit für Diskussionen!« Annette ärgert sich. Einkaufen und Kochen ist für sie eigentlich nicht das Problem. Was sie aufbringt, ist der Gedanke: »Für ihn kommen seine beruflichen Aufgaben immer an erster Stelle, die Verantwortung für den Haushalt ist dann wie selbstverständlich meine Angelegenheit.« Für mehrere Stunden ist sie danach schlecht gelaunt.

In allen drei Situationen geht es offensichtlich nicht gerecht zu. Ein zufriedener Mensch, der sich insgesamt vom Leben reich beschenkt fühlt, könnte die Sache mit dem Gedanken abhaken:

»Diesmal habe ich Pech gehabt, das soll mir aber den Tag nicht verderben!« Nicht so Sibylle, Paul und Annette: Das ärgerliche Ereignis stößt auf eine unausgeglichene innere Bilanz: »Immer muss ich zurückstehen! Andere nehmen sich ganz einfach, was sie brauchen! Meine Rücksichtnahme wird nicht honoriert!« Ähnliche Gedanken laufen in den Köpfen von Menschen, die sich oft benachteiligt fühlen, automatisch immer und immer wieder ab.

Wir haben also Grund, einen Elefanten zu vermuten. Um ihn näher zu umreißen, blicken wir auf prägende lebensgeschichtliche Erfahrungen dieser Personen.

Eigentlich hätte Sibylle es leicht gehabt sich vorzudrängen: Mit ihrer zierlichen Gestalt hätte sie – wie manche frechen Kinder das tun – schnell mal in eine kleine Lücke vorstoßen können, abgefedert vielleicht noch mit der freundlichen Entschuldigung, sie habe es furchtbar eilig. Wenn sie es sich denn erlaubt hätte. Sibylles Eltern waren Heimatvertriebene und taten in ihrem kleinen Dorf alles, um nicht unangenehm aufzufallen. Sie lebten ihr vor, bescheiden zu sein und Egoismus unbedingt zu vermeiden. Sich vorzudrängen, auf seinen Vorteil bedacht zu sein, rasch jede sich bietende Chance zu nutzen, ist ihr folglich fremd, da dies gegen einen strengen Regelkanon verstößt: »Sei bescheiden, rücksichtsvoll, gib lieber nach, sei nicht egoistisch!« Auch den Trostspruch ihrer Eltern, Geben sei schöner als Nehmen, nahm sie hin, ohne ihn jemals für sich zu überprüfen. Diese bereits in ihrer Kindheit erworbenen »Tugenden« waren freilich eher aus der Not geboren: Schon als Kind schmächtig und schüchtern, warf sie sich niemals ins Getümmel, wenn beispielsweise im Kindergarten Spielsachen zu ergattern waren. Bei dem Kinderspiel »Reise nach Jerusalem« schied sie immer als Erste aus, reflexartig eher Platz machend als lustvoll die Kollision suchend. In der Schule meldete sie sich nicht, obwohl sie meist die gefragte Antwort schneller wusste als ihre Mitschüler, um sich ja nicht in den Mittelpunkt zu rücken.

Ähnlich wie in der Geschichte von Paul blieb so das Grundbedürfnis nach Beachtung und Gleichbehandlung auf der Strecke.

Den Groll, den sie bei Zurücksetzungen gelegentlich verspürte, wagte sie nicht zu äußern, hätte dies doch elterliche Vorwürfe nach sich gezogen und ihr anerzogenes Wertesystem in Frage gestellt.

Ihr Selbstbild ist dadurch geprägt, nur dann ein wertvoller Mensch zu sein, wenn sie ihre Bedürfnisse zurückstellt, verbunden mit dem Trost einer moralischen Überlegenheit über die allgegenwärtigen Egoisten. So erschienen ihr schon in der Kindheit die Nachbarskinder rüpelhaft und ungezogen, wenn diese sich um irgendwelche Dinge stritten. Der Nachteil einer Missachtung eigener konfliktträchtiger Gefühle und Bedürfnisse ging dabei unter im allgemeingültigen Imperativ: »Nimm dich nicht so wichtig!«

In der Warteschlange an der Kasse geht es für Sibylle also nicht um Zeitgewinn, sondern um die Infragestellung ihrer strengen Regeln der Zurückhaltung durch den sich vordrängenden Kunden. Ihrem Impuls, auch einmal einen Vorteil zu ergattern, kann sie nicht freien Lauf lassen, und der »Frechheit« des anderen zu begegnen, fehlen ihr das Repertoire und die moralische Erlaubnis.

»Was habe ich an mir, dass ich immer wieder übergangen werde?«, fragt sich Paul mit einem Gefühl der Bitterkeit. Eine innere Stimme, die ihm sagen könnte, dass eine größere Gruppe von Menschen vom gehetzten Ober eher wahrgenommen wird als eine Einzelperson, wird gleichsam übertönt von einem Echo aus der Vergangenheit. Er sieht sich als einen Menschen, der tendenziell weniger wichtig ist als andere, der zurückzustehen hat, wenn andere auf der Bildfläche erscheinen.

Paul war das einzige Kind einer alleinerziehenden Mutter. Sein Vater hatte die Mutter bereits verlassen, als diese mit ihm noch schwanger war. Angeblich wäre er bei ihr geblieben, wenn sie einer Abtreibung zugestimmt hätte. Gewissermaßen hätte er so schon vor seiner Geburt zurückzustehen gehabt. Da sein Vater keinen Unterhalt zahlen konnte oder wollte, musste seine Mutter allein dafür sorgen. Sie mietete einen kleinen Ladenraum mit dahinterliegender Wohnung und betrieb darin eine

Änderungsschneiderei. Sie war ihrem Kind liebevoll zugetan, ließ auch häufiger ihre Arbeit liegen, wenn Paul sie brauchte.

Kam freilich Kundschaft, unterbrach sie alles und ließ ihn für unbestimmte Zeit zurück. Und diese Wartezeit konnte ihm als Kind unendlich lange erscheinen. Noch heute empfindet er den Klang einer Türglocke als ein hässliches Geräusch. Er erinnert sich, dass er manchmal noch nach der Mutter gerufen hat. Ihr angespanntes »Jetzt nicht!« ließ ihn jedoch bald verstummen. Dumpfes Warten oder Rückzug in seine Spielwelt waren seine Antworten auf solche Zurücksetzung. Kam die Mutter endlich zurück, wollte er häufig nichts mehr von ihr wissen – aus heutiger Sicht kann er sagen, er war dann einfach enttäuscht und gekränkt. In seiner Jugend mied er es, zu Hause zu sein, und verbrachte seine Freizeit mit Freunden. Er blieb aber höchst empfindlich, wenn er zu Unternehmungen, Festen usw. nicht eingeladen wurde. Bestätigte sich doch so das Bild: »Ich bin für andere nicht wirklich wichtig.«

Frustriert wurde also sein Grundbedürfnis nach Beachtung und Gleichbehandlung, und dies so häufig, dass es Spuren hinterließ. Auf sich aufmerksam zu machen, war eine anfängliche Bewältigungsstrategie, die er mangels Resonanz bald aufgab. Später machte er es sich zur Gewohnheit, Bonbons in die Schule mitzubringen und zu verteilen – so als müsse er seiner bloßen Anwesenheit etwas Besonderes hinzufügen.

Annette wuchs zusammen mit ihrem zwei Jahre jüngeren Bruder auf, der immer kränklich war und der besonderen Aufmerksamkeit und Fürsorge der Mutter bedurfte. Das war verständlicherweise zu ihrem Nachteil. Sich dagegen aufzulehnen war nicht erlaubt und wurde von den Eltern mit moralischen Vorwürfen unterbunden, etwa: »Sei doch zufrieden, du hast es doch ohnehin viel besser als dein Bruder!« Als es dennoch – sie war gerade sechs Jahre alt – einmal aus ihr herausbrach: »Ist der blöde Kerl schon wieder krank?«, wurde sie mit dreitägigem Hausarrest bestraft und, was noch schlimmer war, die Eltern sprachen in dieser Zeit kein Wort mit ihr. Der Bruder, dem die Eltern wenig zutrauten, wurde aus ihrer Sicht übertrieben geschont, alle anstrengenden Aufgaben im Haushalt mussten sie und ihre Mutter erledigen. Beschwerte sie sich manchmal beim Vater, der meist spät und müde nach Hause kam, bekam sie beschwichtigende Antworten wie: »Wir müssen alle unser Bestes geben, und du bist doch schon so vernünftig, um das zu verstehen. Glaub mir, meine Arbeit ist auch kein Honiglecken!«

Annettes Grundbedürfnisse nach Gerechtigkeit und Gleichbehandlung sowie nach Beachtung sind offensichtlich verletzt. Setzt sie sich dagegen zur Wehr, gefährdet sie ein noch elementareres Bedürfnis: das nach Liebe und Wertschätzung durch ihre Eltern. In diesem Dilemma lernt sie, vernünftig und rücksichtsvoll zu sein und eigene Wünsche hintanzustellen. Das ist ihre Bewältigungsstrategie. Enthalten ist darin die Überzeugung: »Andere sind wichtiger, ich muss meine Ansprüche immer zurücknehmen!« Diese Regel gehörte, ohne dass sie jemals darüber nachdachte, seit ihrer Kindheit zu ihrem Bild von der Welt und wurde zu einer unüberprüften und festgefahrenen Überzeugung. In ihrer Ehe bemerkte sie selbst dieses Muster lange nicht, verspürte jedoch häufig an wiederholtem Ärger, dass etwas nicht in der Balance war. Gegenüber ihrem meist etwas überforderten Mann hatte sie zurückzustehen, zumal er überzeugt war, dass seine beruflichen Anforderungen grundsätzlich Priorität haben müssten. Dafür hatte er, ähnlich wie früher ihr Vater, vernünftig erscheinende Gründe.

Ihre innere Bilanz von Geben und Nehmen erleben Sibylle, Paul und Annette aus unterschiedlichen Gründen als unausgeglichen. Für sie ist das berühmte halb volle Glas immer halb leer, denn mit der Brille grundsätzlicher Ungerechtigkeit zählt wenig, was man schon hat. Am Ende gar die andere Hälfte noch füllen zu wollen, erlauben ihnen ihr Selbstbild nicht und ihre starren, moralisch überhöhten Regeln. Das Empfinden von Ungerechtigkeit wird kontinuierlich genährt durch Erfahrungen der Zurücksetzung. Sich dagegen zur Wehr zu setzen, haben sie nicht gelernt, und es widerspricht ihren moralischen Geboten. Dadurch staut sich Groll an und erzeugt Druck im seelischen Untergrund, wie in einem Vulkan, der stets auszubrechen droht.

Sibylles Elefant

Mücke
Vordrängen eines anderen Kunden, der sich offensichtlich über seinen Vorteil freut.

Aufregung
Aufwallender Ärger, der sich zur Wut steigert, mit dem automatischen Gedanken: »Immer werde ich zur Seite gedrängt.«

ELEFANT

Wunder Punkt
Angst vor Konflikten und ihrer eigenen Wut, die mit dem Gebot zur Zurückhaltung kollidiert. Angst, Aufsehen zu erregen. Verletzung des Grundbedürfnisses nach Gerechtigkeit und Beachtung.

Selbstschutzprogramm
Festgefahrene Überzeugungen:
»Ich darf mich nicht vordrängeln!«
»Ich darf nicht unangenehm auffallen!«
»Bescheidenheit ist schließlich eine Zier!«

Verhaltensmuster:
Vermeidet eine Eskalation des Konflikts und schluckt ihren Ärger, den sie nur in der Phantasie auslebt, herunter.

Selbstbild: »Ich bin bescheiden und rücksichtsvoll, niemals egoistisch.«

Bild von anderen Menschen: »Die meisten Menschen sind Egoisten.«

Lebensgeschichte: Keine Erlaubnis, sich wichtig zu nehmen, strenges Gebot, eigene Bedürfnisse zurückzustellen. Konflikte mit Selbstbestimmung und Abgrenzung.

Dass es gelegentlich dazu kommen kann, dafür genügt dann oft eine Kleinigkeit.

Zur Veranschaulichung soll hier der Elefant von Sibylle genügen.

Elefant 7: »Niemand ist für mich da« (Markus' Elefant)

Markus ist ein Einzelgänger. Als Rentner, der früher als Hausmeister arbeitete, lebt er allein in seinem kleinen Reihenhaus. Zu seiner in der Nachbarschaft lebenden Schwester hat er kaum Kontakt, sein einziger Freund ist sein Hund. Wie jeden Sonntagvormittag besucht er einen Flohmarkt. Er ist ein bisschen missmutig, da niemand da ist, den er kennt, keine Gelegenheit hat, ein wenig zu plaudern. Wieder allein zu Hause beschließt er, Nudeln zu kochen. Dabei muss er feststellen, dass er kein Salz mehr zu Hause hat. Seine Schwester, so sein Gedanke, könnte ihm da vielleicht aushelfen. Nur ist die immer unfreundlich, nimmt kaum Notiz von ihm. Unmut steigt in ihm auf: »Soll ich ausgerechnet die um einen Gefallen bitten? Sie fühlt sich bestimmt gestört, wenn ich klingle. Bestimmt gäbe sie mir das Salz nur widerwillig.« Und weiter grübelnd: »Eigentlich brauche ich sie gar nicht! Sie ist eine Egoistin wie die meisten Menschen.« Heftiger Ärger steigt auf, er erinnert sich an weitere Geschichten, die klar beweisen, wie wenig hilfsbereit seine Schwester ist. Was er in seinem aufgebrachten Zustand nicht spürt, ist ein Anflug von Einsamkeit.

Markus ist jemand, der aus frustrierenden Erfahrungen die Schlussfolgerung gezogen hat: »Es ist besser, wenn man niemanden braucht!« Natürlich wird kein Mensch mit einer solchen Haltung geboren. Ein solcher Satz entsteht als Bewältigungsstrategie aus erlittenen Bedürfnisverletzungen. Die Bedürfnisse nach Geborgenheit, Verständnis, Zuverlässigkeit, liebevoller Bindung waren in seinem Leben zu kurz gekommen. Seine Eltern ließen ihn als Kind viel allein, er hatte Angst, verlassen zu werden, und vermisste bei Problemen einen Ansprechpartner. Er begann, sein Anlehnungsbedürfnis als persönliche Schwäche zu empfinden, weil ihm zu früh Eigenverantwortung abverlangt worden war. Für die Erfüllung des eigentlich gesunden Bedürf-

Markus' Elefant

Mücke
Die Notwendigkeit, jemanden um etwas zu bitten.

Aufregung
Aufsteigender Ärger mit dem automatischen Gedanken: »Meine Schwester ist zu mir unfreundlich. Meine Bitte um Salz würde sie bestimmt stören.«

ELEFANT

Wunder Punkt
Einsamkeit, Angst vor Zurückweisung.
Vermisst stabile Bindung.

Selbstschutzprogramm
Festgefahrene Überzeugung: »Es ist besser, niemanden zu brauchen.«

Verhaltensmuster:
Sorgt für sich selbst und lebt zurückgezogen. Entwertet in Gedanken aggressiv andere Personen und schützt sich dadurch vor Enttäuschungen.

Selbstbild: »Ich bin auf mich allein gestellt.«

Bild von anderen Menschen: »Jeder ist sich selbst der Nächste.«

Lebensgeschichte: Mangel an liebevoller, zuverlässiger Bindung und Geborgenheit.

nisses nach Autonomie fehlte ihm die Basis einer sicheren Bindung. So entwickelte sich seine Eigenständigkeit aus der Not. Die Überzeugung, niemanden zu brauchen, wurde zu seinem generellen Selbstschutzprogramm. Jemanden um Hilfe oder um eine Gefälligkeit zu bitten, hatte sich mit der Angst vor Enttäuschung oder Zurückweisung verbunden. Mit der verständlichen Vermeidung dieser Angst schloss sich der Kreis, und die Möglichkeiten zu positiven Erfahrungen, die sein negatives Bild von seinen Mitmenschen hätten korrigieren können, waren verstellt. Sein selbst erzeugter Ärger über die Schwester passt in dieses Schema: Dass diese ihm immer unfreundlich erscheint, »beweist«, dass auch von ihr kein Entgegenkommen zu erwarten ist – Grund genug, sie abzulehnen! Darüber hinaus ist es für sein seelisches Gleichgewicht vorteilhafter, sich zu ärgern, als möglicherweise schmerzhaftere Gefühle des Verlassenseins aufkommen zu lassen.

Markus' Elefant ist weit verbreitet. Er begegnet uns auch in einer berühmten Geschichte von Paul Watzlawick, die nach einem ähnlichen Muster abläuft (die »Geschichte mit dem Hammer« aus dem Buch ›Anleitung zum Unglücklichsein‹). Watzlawick schildert dort einen Mann, der sich in die Vorstellung hineinsteigert, sein Nachbar sei ihm nicht wohlgesinnt, und er würde ihn deshalb keinesfalls um eine Gefälligkeit bitten. Dabei gerät er mehr und mehr in Wut, die er dann dem ahnungslosen Nachbarn entgegenschleudert. Von außen betrachtet ein typischer Fall für schwer erklärbares Verhalten und für eine »sich selbst erfüllende Prophezeiung«. Er reagiert auf sein selbst erzeugtes Bild vom anderen und lässt dem Nachbarn keine Chance, sein Vorurteil zu korrigieren.

***

Mit Gefühlsstimmungen verhält es sich wie mit dem Wetter – es gibt stabile Hochs und Tiefs, aber auch plötzliche Wetterumschwünge, den Blick verstellenden Nebel, wohltuende Wärme und schneidende Kälte. Und wie diese sind Stimmungseinbrüche oft schwer vorhersehbar.

Durch das Verständnis von Zusammenhängen eröffnet sich jedoch die Chance, dass uns emotionale Einbrüche nicht mehr ganz so unvorbereitet ereilen. Ähnlich wie der Meteorologe Wetterumschwünge vorhersagen kann, wenn er um die atmosphärischen Einflüsse weiß, so werden unsere Stimmungsumschwünge eher vorhersehbar und verstehbar, wenn wir unsere wunden Punkte und Elefanten kennen.

Die nächsten beiden Kapitel sind Ihren Grundbedürfnissen und Ihren persönlichen Erfahrungen mit eigenen Elefanten gewidmet. Am Anfang stehen die Spurensuche nach Ihren eigenen Grundbedürfnissen und die Frage, inwieweit sie in Ihrem Leben erfüllt sind bzw. in der Vergangenheit erfüllt waren.

> Wenn man von seinen wahren
> Bedürfnissen abgespalten ist, muss
> alles zum Kampf werden.
>
> *Arno Gruen*

Kapitel 3

Spurensuche: Kennen Sie Ihre Grundbedürfnisse?

Was wäre das für ein angenehmer Tag für unsere Hauptpersonen gewesen:

- Elisabeths Nachbarin wäre am Morgen nach der Auseinandersetzung mit einem kleinen Blumenstrauß an der Tür erschienen, hätte sich für die nächtliche Störung entschuldigt und betont, wie froh sie doch sei, in Elisabeth eine so angenehme Nachbarin zu haben.
- Der andere Autofahrer hätte Verständnis für die Aufregung von Stefan gehabt und sich vor allem für sein neues schickes Auto interessiert.
- Annas Mann hätte ihr beim Nachhausekommen erklärt, warum es wieder später geworden ist, hätte vielleicht um eine kurze Auszeit gebeten, um abspannen zu können, und hätte dann spontan seine herumliegenden Sachen aufgeräumt. Schließlich hätte er Anna in den Arm genommen und sie gefragt, ob sie ihm nicht erzählen wolle, warum sie in letzter Zeit häufig so angespannt sei.
- Peter wäre von seiner Frau schon an der Tür empfangen worden, etwa mit den Sätzen: »War wieder mal ein langer Tag, du bist sicher müde und hungrig. Komm erst mal an. Später möchte ich noch etwas mit dir besprechen, was mir wichtig ist.«

- Sebastian wäre am Telefon mit den Worten begrüßt worden: »Schön, dass ihr bald da seid. Sollen wir mit dem Essen auf euch warten?«

Das wäre Balsam für die Seele dieser Menschen gewesen, heilende Arznei für ihre wunden Punkte. Die Botschaft hätte geheißen: Du wirst geschätzt, du wirst geachtet, du wirst gesehen, du wirst verstanden, du bist willkommen. Vielleicht vermissen auch Sie, liebe Leser, manchmal derlei Signale. Dieses Kapitel soll Ihnen helfen, ein Gespür für Ihre zu kurz gekommenen Grundbedürfnisse zu entwickeln.

Womöglich haben Sie sich selbst in den zurückliegenden Kapiteln schon in dem einen oder anderen Aspekt angesprochen gefühlt. Im Folgenden geht es nun ganz um Sie. Das mag ungewohnt sein, doch es ist wichtig: Wer sich nie in den Mittelpunkt rückt, verletzt ein zentrales Bedürfnis, das Bedürfnis nach Selbstachtung. Womöglich kommt Ihnen manches seltsam vor, nicht passend zu dem Bild, das Sie von sich haben. Die Spurensuche wird Ihnen zeigen, dass Ihre Bedürfnisse angebracht sind, Ihre Gefühle nicht überzogen, sondern verständlich, wenn Sie deren Hintergründe erst kennen.

Ich möchte Sie also zu einer Art Zwischenbilanz Ihres Lebens ermutigen:

Wie fühlt sich mein Leben an? Was bringt mir Zufriedenheit, Lebensfreude, Glücksmomente? Wo strenge ich mich besonders an und mit welchem Erfolg für die Befriedigung wichtiger Bedürfnisse? Auf der anderen Seite: Wo empfinde ich einen Mangel, welchen Situationen gehe ich aus dem Wege, wodurch sehe ich mein Gleichgewicht gefährdet?

Eine solche innere Bilanz kann je nach augenblicklicher Lebenssituation sehr unterschiedlich ausfallen. Es kann Zeiten geben,
- in denen wir dankbar realisieren, wie erfüllt unser Leben sich im Großen und Ganzen anfühlt;
- in denen wir gerade beruflich befördert wurden oder frisch verliebt sind und eine vorübergehende Bilanzverschönerung erleben;

- in denen wir uns einer Beschäftigung oder Aufgabe widmen können, die uns Freude macht oder Sinn gibt und in der wir vollkommen aufgehen;
- mit trüben Stimmungen, in denen das Leben an uns vorüberzuziehen scheint, als wäre es nicht unser Leben, als hätte es nichts mit unseren Bedürfnissen zu tun, als würden wir gelebt, würden nur noch funktionieren;
- mit großen oder kleineren Katastrophen, die von einem Augenblick auf den anderen unser Leben verändern, wo plötzlich nichts mehr so ist, wie es gerade noch war;
- mit vorübergehenden Schmerzen, z.B. verursacht durch einen Hexenschuss oder eine Zahnwurzelentzündung (unser Leben kann dann im Prinzip noch so erfüllt sein, es zählt nur der Wunsch nach Gesundung);
- mit weder besonders dunklen noch besonders lichten Momenten, in denen wir einigermaßen zufrieden sind, weil wir die wichtigsten Aufgaben erledigen können, weil alles »funktioniert« und nichts Schlimmes passiert;
- mit Stimmungseinbrüchen, da wunde Punkte berührt wurden.

Wenn ich Sie also in diesem Kapitel anregen möchte, über den Grad Ihrer Lebenszufriedenheit nachzudenken, so sollten Sie versuchen, einen größeren Zeitraum (z.B. die letzten ein, zwei oder drei Jahre) zu betrachten.

Erfahrungsgemäß ist es nicht einfach und selbstverständlich, sich seine Bedürfnisse zu vergegenwärtigen. Noch schwieriger ist es zu erkennen, welche Konflikte zwischen unterschiedlichen Bedürfnissen existieren können. Wer kann schon genau benennen, warum er in seinem Leben Veränderungen vermeidet oder größten Wert auf Unabhängigkeit legt? Wie viel ihm Sicherheit bedeutet, welcher Grad an Beachtung ihm wichtig ist? Und welchen Preis er beispielsweise für seine Sicherheit zu bezahlen bereit ist, d.h. welche anderen Bedürfnisse er dafür hintanstellt. Antworten auf solche Fragen sind in unserem Bewusstsein nicht ohne weiteres abrufbar, zum einen, weil wir selten Gelegenheit finden, über solche Themen nachzudenken, zum anderen, weil –

wie wir gesehen haben – die Bedrohungen oder Verletzungen von Grundbedürfnissen weit zurückliegen können und in frühen Jahren nicht klar und sprachlich fassbar waren. Außerdem versuchen wir naturgemäß unangenehmen, schmerzhaften, kränkenden, verunsichernden Gefühlen aus dem Weg zu gehen und solche Erinnerungen aus unserem Gedächtnis zu tilgen.

Lohnt es sich also, sich mit den verborgenen Elefanten zu beschäftigen? Wenn wir mit unserem Leben weitgehend zufrieden sind, uns nicht überfordern, Vertrauen in die Zukunft und unsere Fähigkeiten haben und Veränderungen zulassen können, haben wir keinen zwingenden Grund, uns mit Bedürfnisbilanzen auseinanderzusetzen. Die meisten Menschen erleben jedoch Phasen der Verunsicherung, in denen es weiterhilft, nach den Ursachen zu fragen.

Lebensqualität: Was bedeutet das für Sie?

Haben Sie sich schon einmal die Frage gestellt: Was genau macht für mich Lebensqualität aus, und was bedeutet sie für andere, die mir nahestehen? Damit verbunden sind weitere Fragen:

- Achte ich darauf, dass meine zentralen Bedürfnisse sowie die meiner Nächsten erfüllt sind?
- Nehme ich mir die Freiheit und das Recht wahrzunehmen und offensiv zu vertreten, was mir wirklich wichtig ist?
- Wie sehr werde ich von tatsächlichen oder vermeintlichen Erwartungen anderer geleitet?

Die Antworten auf diese Fragen spielen für Ihr persönliches Wohlbefinden eine entscheidende Rolle. Wenn Sie sich vorwiegend an Wert- oder Qualitätsbegriffen orientieren, die Sie kritiklos übernommen haben, dann haben Sie vielleicht längst aufgehört, gut für sich selbst zu sorgen, und vertrösten sich mit Glückserwartungen an die Zukunft. Gerade im beruflichen Bereich müssen sich viele Menschen an vorgegebenen Kriterien orientieren: Erhöhung der Verkaufszahlen, Verbesserung der Produktqualität, Qualitätssicherung usw. Auch Standortbestimmungen kennen wir aus diesem Umfeld. Denken Sie beispielsweise an die sogenannten Mitarbeitergespräche, in denen Vorgesetzte ihre Einschätzung der Arbeitsqualität rückmelden; jeder Mitarbeiter soll wissen, wo er steht bzw. wo er jetzt und wo er in einem Jahr sein sollte. Dies liegt im Interesse der Firma oder der Institution. Solche »juristischen Personen« haben natürlich ihre eigenen »Grundbedürfnisse«: besser zu sein als die Konkurrenz, zu wachsen, den Profit zu steigern oder die Kosten zu minimieren.

Das Vergleichen von Ist- und Soll-Werten ist uns also vertraut und begleitet uns das ganze Leben, nur fragen wir uns leider im Hinblick auf unsere Selbstfürsorge zu selten, was ist und was sein sollte (oder auch nicht sein sollte). Hingegen übernehmen wir oft fremdbestimmte Soll-Werte unreflektiert in unser inneres Koordinatensystem. Sie resultieren beispielsweise aus:

- erzieherischen Geboten und Verboten,
- geschlechtsspezifischen Rollenzuteilungen,
- Zeugnisnoten in der Schule,
- der Einstufung im Beruf,
- Statusfragen oder
- dem, was in unserem Umfeld als »normal« oder abweichend gilt.

Ist-Soll-Vergleiche vor diesem Hintergrund suggerieren uns meist: »Es könnte noch besser sein!« Sie sind dann eher strenge Zeigefinger als nützliche Wegweiser zu unseren Grundbedürfnissen. Was uns ganz persönlich für ein erfülltes und zufriedenes Leben wichtig ist, müssen wir erst selbst herausfinden; das hat uns selten jemand beigebracht. Vielleicht sind Ihnen sogar Hinweise vertraut, die das Gegenteil fordern: »Man muss das Leben nehmen, wie es kommt! Man fragt nicht, ob es einem gefällt oder nicht!«

Leider fühlt sich niemand berufen, mit uns ein jährliches Gespräch über unsere Lebenszufriedenheit, über unser Wertesystem, über unser Selbstbild oder über unsere wichtigsten Bedürfnisse zu führen. Im Grunde wäre das doch keine schlechte Idee für Lebenspartner oder auch für Eltern. Wer Glück hat, hat einen Freund oder eine Freundin, der oder die hinhört, sich Zeit nimmt und nicht durch seine oder ihre eigenen Sorgen oder Regeln unsere Suche behindert.

Dieses Buch kann Gespräche mit Partnern, Eltern oder Freunden nicht ersetzen, eher eine gute Grundlage für diese schaffen. Ich möchte Sie zu Fragen ermuntern wie: Wie erkenne ich, was ich wirklich im Leben brauche? Welche Orientierungshilfe können mir angenehme wie unangenehme Gefühlsreaktionen bieten? Welche Möglichkeiten habe ich, meine eigene Lebensqualität zu überprüfen? Ich werde Ihnen hierzu zwei Methoden vorstellen: einen Fragebogen zu Grundbedürfnissen und eine graphische Darstellung, wie Sie die Ihnen zur Verfügung stehende Zeit und Energie einteilen.

Was brauchen Sie im Leben wirklich?

Für eine Standortbestimmung zum Thema Bedürfnisbefriedigung benötigen wir bestimmte Koordinaten, um unseren Ist-Zustand zu bestimmen. Sodann, falls wir uns Veränderungen wünschen, ist es erforderlich, das Ziel oder die Ziele zu klären, also Wunsch-Zustände zu erfassen. Ein Bedürfnis nehmen wir dann wahr, wenn zwischen Ist- und Wunsch-Zustand eine Kluft besteht. Üblicherweise beachten wir, was wir haben, weit weniger als das, was uns fehlt. Dies kann zu Verzerrungen unserer inneren Bilanz führen, das Glas erscheint uns häufig eher halb leer als halb voll. Anders ausgedrückt: Es fällt leichter, unerfüllte Bedürfnisse zu erkennen, als befriedigte wahrzunehmen.

Unsere wichtigsten Grundbedürfnisse (stabile Bindung; Wertschätzung und Beachtung; Gleichbehandlung und Gerechtigkeit; Intimität, Erotik, Sexualität; Sicherheit; Neugier sowie Autonomie) lassen sich tendenziell einteilen in Bedürfnisse,

- deren Befriedigung eher vom Verhalten anderer abhängt und solche,
- die uns Unabhängigkeit vermitteln.

Zum anderen lassen sie sich den Polen

- Beständigkeit und
- Veränderung

zuweisen. Damit haben wir zwei Achsen, die vier Felder aufspannen, in die wir nun die Grundbedürfnisse platzieren können.

Die vier Begriffe stehen in einem Spannungsverhältnis zueinander. Jeder ist für sich genommen ein Wesensmerkmal menschlichen Lebens, bedarf aber der Ergänzung durch sein Gegenteil. Unsere Grundbedürfnisse stehen in keinem ausgeglichenen Verhältnis zueinander, wenn wir uns einseitig um die Erfüllung eines einzelnen Bedürfnisses bemühen. Je nach Lebensphase kann sich diese Balance verschieben: Ein Kind ist naturgemäß abhängiger als ein Erwachsener, ein heranwachsender Mensch orientiert sich mehr an Veränderungen als einer im Seniorenalter. Dieses dialektische Prinzip wird uns im Zusammenhang mit dem Thema unseres inneren Gleichgewichts im *5. Kapitel* noch beschäftigen. Schon bei der Auswertung am Ende dieses Kapitels dürfte es für Sie interessant sein, inwieweit Sie sich von anderen eher abhängig oder unabhängig fühlen und ob Sie sich in Ihrem Leben gegenwärtig mehr um Beständigkeit bemühen oder auf Veränderungen ausgerichtet sind.

Im Schaubild auf der folgenden Seite sind die Grundbedürfnisse – der Einfachheit halber auf einen Begriff reduziert – den genannten Polen zugeordnet.

Bei jeder Bedürfniserfüllung sind wir zunächst einmal von anderen Menschen abhängig. Dies gilt – in paradox anmutender Weise – selbst für Autonomie, da wir für eine wirkliche Erfüllung dieses Bedürfnisses die Befriedigung der anderen Bedürfnisse in früheren Jahren benötigen, wie wir ja aus dem Stufenmodell ersehen konnten. Allerdings erfordert eine positive Entwicklung, dass wir uns aus einseitigen Abhängigkeiten lösen und unser Leben selbst in die Hand nehmen. Damit zielt Autonomie auf eine relative Unabhängigkeit. Auch das Bedürfnis nach stabiler Bindung schließt keineswegs aus, dass sich etwas verändern kann; in einer tragfähigen Liebesbeziehung wird auch die Freiheit zur Veränderung zugelassen.

In puncto *Sicherheit* sind wir sowohl von anderen abhängig als auch bemüht, diese in uns selbst zu finden oder mögliche Ge-

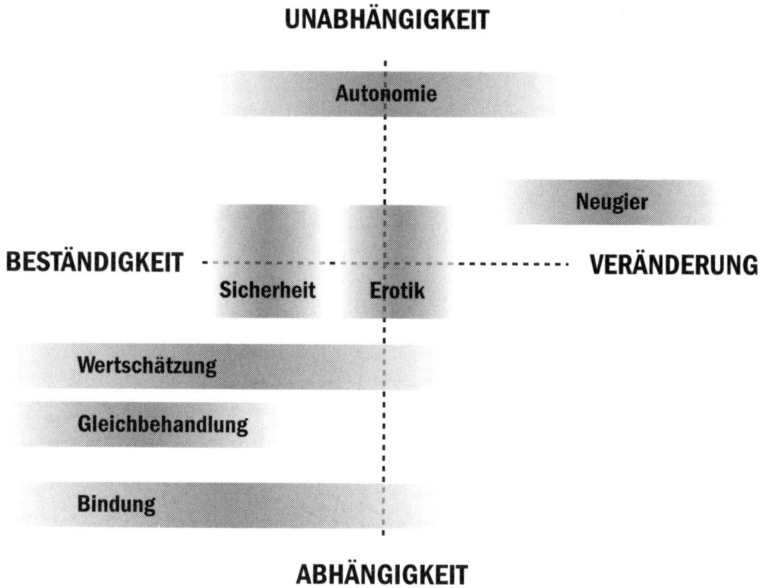

fahren unter Kontrolle zu bringen. Lustvolle *Erotik und Sexualität* können wir in allen vier Quadranten ansiedeln: in Abhängigkeit von einer Partnerschaft, als freie Liebe mit wechselnden Partnern, wie auch als Ausdruck von Neugier oder Selbstbestimmung.

Bemerkenswert ist, dass der Bereich *Beständigkeit und Abhängigkeit* die meisten Bedürfnisse enthält: Der Mensch ist nun mal ein soziales Wesen, das andere, besonders in frühen Lebensabschnitten, für sein seelisches Gleichgewicht benötigt. Beachten Sie auch, dass der Quadrant *Veränderung und Abhängigkeit* fast leer bleibt. Die Bereitschaft zur Veränderung bedeutet in der Regel ein Sich-lösen-Können aus Abhängigkeiten und setzt so eine relative Unabhängigkeit voraus. Allerdings haben manche Menschen Angst vor Abhängigkeit bei gleichzeitig vorhandenem Bedürfnis nach stabiler Bindung. Dies kann in häufigem Partnerwechsel zum Ausdruck kommen, beständige Veränderung bedeutet dann ein nicht gelebtes Bedürfnis nach Bindung und gleichzeitig die ängstliche Vermeidung der Abhängigkeit.

Um festzustellen, inwieweit die einzelnen Grundbedürfnisse in Ihrem Leben erfüllt sind bzw. in der Vergangenheit erfüllt waren, finden Sie im Anschluss an die Beschreibung der wichtigsten Bedürfnisse Fragebögen. Die Ergebnisse werden wir dann in einer Art Bedürfnisbilanz zusammenfassen. Sie wird uns als Ausgangspunkt für mögliche Veränderungswünsche dienen, die Sie dann im *5. Kapitel* in konkrete Handlungsschritte umsetzen können.

In den Fragebögen finden Sie Aussagen, die relevante Aspekte der jeweiligen Grundbedürfnisse darstellen. Alle Fragebögen sind untergliedert in Vergangenheit und Gegenwart. In Bezug auf die Gegenwart können Sie zusätzlich prüfen, wie wichtig Ihnen das jeweilige Bedürfnis erscheint. Bezüglich der Vergangenheit stellt sich diese Frage nicht, da definitionsgemäß alle Grundbedürfnisse in der Kindheit und Jugend wichtig sind. Mit dem Erwachsenwerden dagegen verschieben sich die Wertigkeiten, einzelne Bedürfnisse gewinnen an Bedeutung, andere treten in den Hintergrund.

Sie fragen sich also zunächst: Wie war das in meiner Kindheit und Jugend? Und danach: Inwieweit kann ich der Aussage in meiner gegenwärtigen Lebenssituation zustimmen bzw. wie schätze ich die Wichtigkeit ein?

Bitte tragen Sie neben der Aussage eine Zahl zwischen 0 und 100 ein. 100 bedeutet 100-prozentige Zustimmung bzw. größte Wichtigkeit, 0 dagegen keine Zustimmung bzw. keine Wichtigkeit. Werte zwischen 0 und 100 geben Sie bitte in Zehnerschritten an, also z.B. 40 oder 70. Aus dem Mittelwert der Zustimmung zu den verschiedenen Aussagen lässt sich dann herleiten, inwieweit dieses Bedürfnis erfüllt wurde bzw. ist. Der Mittelwert ist leicht zu errechnen, indem man beim Summenwert eine 0 wegstreicht und diese Zahl verdoppelt (bei einer Summe von beispielsweise 210 ergibt sich der Mittelwert 42).

Beispiel: In der Tabelle zur Gegenwart antwortet jemand auf die Aussage: »Ich habe stabile Beziehungen zu anderen Menschen« mit eher geringer Zustimmung (10), beim Grad der Wichtigkeit hingegen trägt er 100 ein. Dieser Mensch vermisst also etwas, das seiner Einschätzung nach sehr wichtig ist. Würde er dagegen der Aussage völlig zustimmen und in beiden Fällen 100 vermerken, dürfte dieser Mensch in diesem Punkt sehr zufrieden sein.

Ihre Antworten richten sich ganz nach Ihrer gefühlsmäßigen Einschätzung, so wie Sie den Sachverhalt in Erinnerung haben bzw. heute erleben. Maßgeblich ist nicht, was andere, z. B. Ihre Eltern oder Freunde, dazu gesagt haben. Sollten Sie das Verhalten von Mutter und Vater unterschiedlich einschätzen, versuchen Sie dennoch eine generelle Antwort zu finden. Wenn Sie nicht bei Ihren Eltern aufgewachsen sind, denken Sie einfach an die wichtigsten Bezugspersonen Ihrer Kindheit und Jugend, egal ob es sich dabei um Stiefeltern, Großeltern oder andere nahestehende Menschen gehandelt hat, auch wenn in vielen Aussagen nur von Eltern die Rede ist.

Die Fragebögen und Auswertungsblätter finden Sie im Internet unter www.dtv.de als Zusatzmaterial zum Herunterladen direkt bei den Angaben zum Buch.

■ Stabile zwischenmenschliche Bindung

Dieses Bedürfnis ist vom Beginn unseres Lebens an fundamental. Wenn die Eltern uns mit *Liebe* begegnen und sie uns diese auch nicht entziehen, sollten wir ihren Erwartungen manchmal nicht entsprechen, dann bildet sich das viel zitierte Urvertrauen heraus. Wir wissen, dass wir liebenswert sind, und müssen nicht um die Stabilität unserer Bindungen bangen. Geliebt zu werden und Liebe schenken zu können, sind tragende Pfeiler eines stabilen Selbst. Diese Sehnsucht findet Ausdruck in zahllosen Gedichten und Schlagertexten: »Zu lieben, Götter, welch ein Glück, und welches Glück, geliebt zu werden« lesen wir bei Goethe oder schlichter im Operettentext: »Dein ist mein ganzes Herz, wo du nicht bist, kann ich nicht sein.«

Neben der Liebe zu Kindern, Eltern oder zum Lebensgefährten kann sich dieses Grundbedürfnis auch in langjährigen Freundschaften oder in einer zuverlässigen kollegialen Partnerschaft erfüllen. Solche Bindungen sind umso befriedigender, je mehr ihre Basis auf Freiwilligkeit beruht – um es mit dem bekannten Paartherapeuten Lukas Moeller zu sagen: »Die Liebe ist das Kind der Freiheit.« Bindungen, die vorwiegend auf einem Mangel an Alternativen beruhen, sind demgegenüber unfrei und befriedigen vorrangig andere Bedürfnisse, wie etwa das nach Sicherheit oder Versorgung.

Dem Bedürfnis nach stabiler Bindung können andere Grundbedürfnisse zugeordnet werden, nämlich die Bedürfnisse nach Schutz und Geborgenheit, nach Zugehörigkeit und nach Verständnis.

Der Wunsch nach *Schutz und Geborgenheit* mag uns kindlich erscheinen: Für ein kleines Kind ist dies fraglos eine Überlebensbedingung. Erleidet es hier einen gravierenden Mangel, bleibt eine wiederkehrende Verunsicherung, ein wunder Punkt. Doch auch wenn dieses Grundbedürfnis nicht verletzt wurde, bleibt es lebenslang Thema. Fehlen Geborgenheit und Schutz, ist unser Gleichgewicht gefährdet. Das Gefühl von Geborgenheit mag jeder auf sehr unterschiedliche Weise erfahren, etwa beim Einschlafen in den Armen des Partners, im Kreise der Familie oder im Gespräch mit einem engen Freund. Auch das eigene Haus, vertraute Orte in der Natur oder bei religiösen Menschen das Vertrauen in Gott können uns Schutz und Geborgenheit vermitteln.

Die Erfüllung oder Nichterfüllung des Bedürfnisses nach *Zugehörigkeit* gründet sich auf vielfältige Erfahrungen. Waren wir unseren Eltern willkommen? Konnten sie sich unserem Wohlergehen widmen und waren sie in der Lage oder willens, zeitweise eigene Bedürfnisse zurückzustellen? Später, als wir gelernt hatten, unser Ich vom Du zu unterscheiden, waren wir mehr auf uns selbst verwiesen, fühlten uns vielleicht getrennt von anderen und entwickelten so ein Bedürfnis nach einem Wir-Gefühl. Der Wunsch dazuzugehören ist allen Menschen gemein, sei es zu einer Familie, zu Gruppen Gleichaltriger in Kindergarten und Schule, zu einem Freundeskreis, zu Vereinen oder zu einer Firma.

Das Bedürfnis nach *Verständnis* spüren wir vor allem, wenn wir nicht so sind, wie es andere von uns erwarten. Gerade dann sind wir darauf angewiesen, dass andere unsere Gefühle und

Bedürfnisse nicht übergehen, dass sie sie nicht als unwichtig, störend oder falsch abtun. Für das kleine Kind, das in seiner eigenen Welt lebt und sich sprachlich noch nicht differenziert ausdrücken kann, ist empathische Einfühlung unabdingbar. Diesem Bedürfnis zu entsprechen, ist für Erwachsene oft nicht leicht, vielleicht weil die eigene »vernünftige« Sicht im Wege steht (etwa wenn man einem Kind erklärt: »Vor Gespenstern muss man sich doch nicht fürchten.«) oder weil eigene Bedürfnisse im Moment vordringlicher erscheinen. Doch nur wenn wir seine eigene Gefühlswelt und Sicht der Dinge gelten lassen, erlauben wir dem Kind, anders zu sein, zu fühlen und zu denken. Wünschenswert wäre eine Haltung, die kein Monopol darauf beansprucht, was wahr, richtig oder falsch ist. Die Erfahrung, Verständnis bekommen zu haben, ist Basis für die Entwicklung der Fähigkeit, Verständnis für die Innenwelten anderer zu entwickeln. Wer sich chronisch unverstanden fühlt, wird sich zurückziehen oder ständig um die Erfüllung dieses Bedürfnisses kämpfen. Im Konflikt mit anderen ist beides einer Lösung nicht zuträglich und gefährdet unser Bedürfnis nach stabiler Bindung. Auf der Suche nach Gleichklang entwickeln manche Menschen ein übertriebenes Streben nach Harmonie – häufig auf Kosten der eigenen Selbstbestimmung. Harmonie mag dann als wichtigstes Bedürfnis erscheinen, ist aber genau genommen nur eine Art Selbstschutzprogramm zur Sicherung der zwischenmenschlichen Bindung.

Wertschätzung und Beachtung

Beachtung und Wertschätzung gehören zusammen, sie sind die Basis für Selbstachtung und die Entwicklung unseres Selbstwertgefühls. Die Erfüllung dieses Bedürfnisses suchen wir vorzugsweise bei unseren Bezugspersonen, also bei Menschen, mit denen wir emotional verbunden sind. Daneben spielt es aber auch in vielen anderen zwischenmenschlichen Bereichen eine Rolle: Lob und Anerkennung wünschen wir uns am Arbeitsplatz vom Chef oder der Chefin, von Kolleginnen und Kollegen, Wertschätzung erwarten wir im Freundeskreis oder beim Engagement für eine gute Sache. Schon als Kind brauchen wir in verschiedenen All-

Stabile Bindung

Vergangenheit	Grad der Zustimmung 0–100 %
Ich fühlte mich von meinen wichtigsten Bezugspersonen verstanden.	
Meine Eltern und ich vertrauten einander.	
Ich fühlte mich meinem sozialen Umfeld zugehörig.	
Meine Eltern beschützten mich und hielten zu mir.	
Ich fühlte mich von meinen wichtigsten Bezugspersonen geliebt.	
Zwischenergebnis als Summe aus allen Werten:	
Wie erfüllt war dieses Bedürfnis? Mittelwert aus den 5 Aussagen	

Gegenwart	Grad der Zustimmung 0–100 %	Wichigkeit 0–100 %
Ich habe stabile Beziehungen zu anderen Menschen.		
Ich fühle mich geborgen.		
Andere mögen und akzeptieren mich.		
Ich fühle mich von Personen, die mir nahestehen, verstanden.		
Ich fühle mich meinem sozialen Umfeld zugehörig.		
Zwischenergebnis als Summe aus allen Werten:		
Links: Wie erfüllt ist dieses Bedürfnis? Rechts: Wie wichtig ist die Erfüllung für Sie? Mittelwert aus den 5 Aussagen		

tagssituationen die ungeteilte Aufmerksamkeit unserer Eltern – wenn auch nicht permanent, so doch in verlässlicher Weise. Ein Kind spürt, wenn Eltern mit den Gedanken anderswo sind, es rebelliert auf seine Weise, quengelt, stört, macht etwas kaputt oder zieht sich zurück.

Mangelnde Wertschätzung und Beachtung in der Kindheit hinterlassen einen wunden Punkt: Wir spüren ihn als Erwachsene, wenn wir uns übergangen fühlen; ein ausbleibendes Lob, ein vergessener Geburtstagsglückwunsch, ein versäumter Gruß des Nachbarn oder eine vom Partner ignorierte Bitte werden so automatisch zum Beweis der Geringschätzung.

Ein Bedürfnis nach Wertschätzung ist wohl allen Menschen gemein. Dagegen wird die Wichtigkeit sehr unterschiedlich eingeschätzt. Manche Menschen scheinen ständig um den Platz im Mittelpunkt zu konkurrieren, andere üben sich in Bescheidenheit, so als wäre ihnen dieses Bedürfnis nicht zu eigen, wieder andere sind in der Lage, sich das zu holen, was sie brauchen.

Gleichbehandlung und Gerechtigkeit

Die Frage nach Gleichbehandlung und Gerechtigkeit ist eine ethische, dieser Grundwert wird uns durch Erziehung vermittelt (oder zumindest sollte er es). Im Gegensatz zu den andern bisher genannten Grundbedürfnissen ist er also nicht angeboren (leider, könnte man sagen). Zugrunde liegt die menschliche Fähigkeit, sich in andere einzufühlen. Das Bedürfnis nach Gerechtigkeit und Gleichbehandlung dürfte besonders jenen am Herzen liegen, die beides in ihrem Leben vermissen und die Erfüllung dieser Bedürfnisse von anderen beziehungsweise der Gesellschaft erwarten. Auch wenn es manchen ein Bedürfnis ist, um der Gerechtigkeit willen mit anderen zu teilen, so ist das doch beileibe keine Selbstverständlichkeit. Die Idee der Gleichheit und Gerechtigkeit steht nun mal in einem Spannungsverhältnis mit tatsächlich vorhandenen Ungleichheiten, die sich durch Machtverhältnisse, Besitz, Geschlecht, Nationalitätszugehörigkeit, Bildung, Begabung und Lebensalter ergeben.

Es macht Sinn, diesen Grundwert in die Liste der uns interessierenden Grundbedürfnisse aufzunehmen, weil seine Be-

Wertschätzung und Beachtung

Vergangenheit	Grad der Zustimmung 0–100 %
Meine wichtigsten Bezugspersonen achteten meine Interessen und förderten mich.	
Ich bekam in meiner Kindheit genügend Aufmerksamkeit.	
Meine wichtigsten Bezugspersonen gaben mir genügend Lob und Anerkennung.	
Meine Eltern zeigten mir, dass ich ihnen wichtig bin.	
Meine Eltern nahmen meine Gefühle ernst.	
Zwischenergebnis als Summe aus allen Werten:	
Wie erfüllt war dieses Bedürfnis? Mittelwert aus den 5 Aussagen	

Gegenwart	Grad der Zustimmung 0–100 %	Wichigkeit 0–100 %
Andere schätzen meine Fähigkeiten.		
Ich werde wahrgenommen und respektiert.		
Ich werde gebraucht.		
Meine Gefühle und Bedürfnisse werden ernst genommen.		
Die Menschen, die mir wichtig sind, bringen mir trotz meiner Schwächen und Fehler Wohlwollen entgegen.		
Zwischenergebnis als Summe aus allen Werten:		
Links: Wie erfüllt ist dieses Bedürfnis? Rechts: Wie wichtig ist die Erfüllung für Sie? Mittelwert aus den 5 Aussagen		

achtung für unser Selbstwertgefühl von großer Bedeutung ist. Entsprechend stellt das Erleben von Ungleichbehandlung und Ungerechtigkeit eine Verletzung unserer Seele dar und hinterlässt häufig wunde Punkte. Mit verschiedensten Strategien versuchen wir dieser Not zu begegnen, manchmal erfolgreich, manchmal aber entwickeln wir Selbstschutzprogramme, die das Problem eher vergrößern. Wir streiten um Kleinigkeiten, ziehen uns beleidigt zurück, werden rechthaberisch oder neidisch – der Elefant lässt grüßen!

Intimität, Erotik, Sexualität

Biologisch gesehen dient Sexualität der Arterhaltung. Wäre dies alles, dürften wir auf diesem Gebiet unsere höchste Befriedigung vor allem bei erfolgreicher Zeugung und Empfängnis erfahren. Darin liegt jedoch erfreulicherweise nicht das alleinige Glücksempfinden, und so können wir im Idealfall unseren Körper mit seinen erotischen und sexuellen Möglichkeiten in mannigfaltiger Weise genießen. Das setzt freilich voraus, dass wir von Kindheit an tabufrei unsere erogenen Zonen erkunden und genießen durften und sich unser Interesse am anderen oder eigenen Geschlecht entfalten konnte. Unsere Eltern reagierten nicht erschrocken oder strafend auf unseren Explorationsdrang, beantworteten zur rechten Zeit unsere Fragen und gaben uns ein angemessenes Vorbild für Zärtlichkeit und den Umgang mit dem eigenen Körper. Sie respektierten unser Bedürfnis nach Intimität und unsere Schamgrenzen. Bei Konflikten und Kummer, die in unseren Liebesbeziehungen nicht ausblieben, standen sie uns verständnisvoll zur Seite, ohne sich aufzudrängen und ohne moralisch erhobenen Zeigefinger.

Bedauerlicherweise sind viele von uns auch nach der sogenannten sexuellen Befreiung Mitte des letzten Jahrhunderts von diesem Idealbild weit entfernt. Nach wie vor lernen Kinder und Heranwachsende sich ihrer Sexualität zu schämen, sie zu unterdrücken, oder werden über die verschiedensten Medien mit sexuellen Exzessen konfrontiert, die miserable Maßstäbe setzen. Die sexuelle Befreiung führte häufig zu Orientierungslosigkeit.

Gleichbehandlung und Gerechtigkeit

Vergangenheit	Grad der Zustimmung 0–100 %
Meine Bedürfnisse wurden in aller Regel genauso wichtig genommen wie die anderer.	
Niemand wurde mir aus unerklärlichen Gründen vorgezogen.	
Ich musste keine ungerechte Strafe erdulden.	
In meiner Familie wurde keiner unterdrückt.	
Gerechtigkeit und Gleichbehandlung waren in meiner Familie ein hohes Gut.	
Zwischenergebnis als Summe aus allen Werten:	
Wie erfüllt war dieses Bedürfnis? Mittelwert aus den 5 Aussagen	

Gegenwart	Grad der Zustimmung 0–100 %	Wichigkeit 0–100 %
Ich fühle mich gerecht behandelt.		
Meine Bedürfnisse zählen genauso viel wie die anderer.		
Ich habe nur selten Neidgefühle.		
Geben und Nehmen ist zwischen mir und meinen Mitmenschen im Gleichgewicht.		
Ich kann, wenn es mir angemessen erscheint, anderen den Vortritt lassen.		
Zwischenergebnis als Summe aus allen Werten:		
Links: Wie erfüllt ist dieses Bedürfnis? Rechts: Wie wichtig ist die Erfüllung für Sie? Mittelwert aus den 5 Aussagen		

Dem eigentlichen Wunsch nach Liebe, Zärtlichkeit und Hingabe steht oft Leistungsdruck oder das vorrangige Bemühen, sexy zu sein, im Wege. Teile der Filmindustrie, Literatur und Werbung tragen zur Verunsicherung bei, indem sie Erotik und Sexualität wie ein Konsumprodukt behandeln. Und gerade bei der Sexualität sind wir mit vielen Hinweistafeln konfrontiert, die uns vorgeben, was wir sollen und dürfen, was »normal« und angemessen ist.

Das individuelle Bedürfnis nach Intimität, Erotik und Sexualität adäquat zu befriedigen – oder überhaupt erst einmal zu erkennen – ist also nicht einfach. Die Fragen auf der nächsten Seite können Ihnen dabei helfen.

Sicherheit

Ob man sich im Leben sicher fühlt, ist ein höchst subjektives und oft wechselvolles Empfinden. Gefahren sind allgegenwärtig, sowohl für unsere körperliche Unversehrtheit als auch für unsere seelische Stabilität. Welche Gefahren wir wahrnehmen und wie wir ihnen begegnen, resultiert aus der subjektiven Einschätzung der jeweiligen Situation, ob wir sie als bedrohlich einordnen oder nicht. Ob wir Angst haben, ein Flugzeug zu besteigen, ob wir uns vor kriegerischen Auseinandersetzungen oder terroristischen Anschlägen fürchten, ob uns eine Inflation bedroht, ob uns die zu große Nähe eines Menschen Furcht einflößt, ob uns ein Stechen in der Brust erschreckt oder ob ein scheinbar banales Ereignis unsere Seele alarmiert – immer ist dies das Ergebnis von Bewertungsvorgängen in unserem Gehirn. Unser subjektives Sicherheitsgefühl hängt davon ab, welche Gefährdungen wir einerseits erleben und in welchem Grad wir uns andererseits zutrauen, sie zu bewältigen.

Absolute Sicherheit gibt es nicht. Kein Mensch kann behaupten, gegen alle Gefahren gewappnet zu sein. Schon gar nicht jener, der versucht, allen Bedrohungen aus dem Weg zu gehen. Er wird eher seine Unsicherheit verstärken, weil er nicht das Vertrauen entwickelt, schwierige Situationen meistern zu können. Kinder, die überbehütet aufwachsen, fühlen sich nur in der Nähe ihrer Eltern sicher und übernehmen häufig unbewusst deren

Intimität, Erotik, Sexualität

Vergangenheit	Grad der Zustimmung 0–100 %
Meine Eltern sprachen offen und für mein jeweiliges Alter angemessen mit mir über Sexualität.	
Meine wichtigsten Bezugspersonen vermittelten mir, dass Intimität, Sexualität und Erotik wichtig für ein glückliches Leben sind.	
Meine Eltern nahmen meine sexuellen Bedürfnisse ernst.	
Als Jugendliche/r fühlte ich mich in meiner Weiblichkeit/Männlichkeit von anderen bestätigt.	
Andere respektierten meine Intimsphäre.	
Zwischenergebnis als Summe aus allen Werten:	
Wie erfüllt war dieses Bedürfnis? Mittelwert aus den 5 Aussagen	

Gegenwart	Grad der Zustimmung 0–100 %	Wichigkeit 0–100 %
Intimität, Erotik und Sexualität haben einen wichtigen Platz in meinem Leben.		
Ich habe keine Vorurteile gegenüber verschiedenen Vorlieben in der Sexualität.		
Ich kann intime Beziehungen aufbauen.		
Ich genieße meine Sexualität.		
Ich kann meine erotischen und sexuellen Wünsche zum Ausdruck bringen.		
Zwischenergebnis als Summe aus allen Werten:		
Links: Wie erfüllt ist dieses Bedürfnis? Rechts: Wie wichtig ist die Erfüllung für Sie? Mittelwert aus den 5 Aussagen		

Ängste. Sie werden nicht ermutigt, die vielen kleinen Schritte in die Selbständigkeit zu wagen. Das Grundbedürfnis nach Autonomie (siehe unten) bleibt auf der Strecke, generelle Lebensunsicherheit kann die Folge sein. Ein Gefühl von innerer Sicherheit erwächst also paradoxerweise aus der wiederkehrenden Bereitschaft, Sicherheit aufzugeben, immer aufs Neue in einem lebenslangen Entwicklungsprozess. Wer nie auf seinem Lebensweg vermeintlich sichere Orte verlässt, wächst nicht an neuen Herausforderungen, muss gleichwohl Veränderungen fürchten und erschöpft sich letztendlich im permanenten Bemühen um Sicherheit.

Das Sicherheitsbedürfnis ist bei den einzelnen Menschen unterschiedlich stark ausgeprägt. Manche tun alles, bis hin zur Selbstaufgabe, um stabile zwischenmenschliche Bindungen aufrechtzuerhalten. Andere sind leichte Beute von Versicherungsmaklern und erwerben alle denkbaren Produkte. Wieder andere frönen einem übertriebenen Gesundheitskult, stellen sich keinen neuen beruflichen Herausforderungen oder vergittern alle Fenster ihres Hauses. Die Liste ließe sich beliebig verlängern. Der in erster Linie nach Sicherheit strebende Mensch handelt nach dem Grundsatz: Alles soll so bleiben, wie es ist. Jeder Wandel wird als Bedrohung empfunden.

Die Befriedigung des Bedürfnisses nach Sicherheit zielt zwar auf Beständigkeit, diese muss aber durch die Bereitschaft zur Veränderung immer wieder neu erworben werden: Eine Balance entsteht durch das Vertrauen in die Erprobung unserer Fähigkeiten. Wenn wir Neuland betreten, stellen wir unser Sicherheitsbedürfnis zurück. Ohne den Mut zum Risiko wären wir immer noch mit den Stützrädern unseres ersten Fahrrads unterwegs. Aus Selbstvertrauen entsteht so die innere Sicherheit, den Anforderungen des Lebens gewachsen zu sein. Das bedeutet: Einerseits brauchen wir ein gewisses Maß an Sicherheit zur Bewältigung von Angst, andererseits entsteht Sicherheit aus der Erfahrung, Angst überwinden zu können.

Das Gefühl einer inneren Sicherheit baut, wie leicht zu erkennen ist, auf der Befriedigung anderer Grundbedürfnisse in Vergangenheit und Gegenwart auf: Ob wir als Kind Schutz und Ge-

Sicherheit

Vergangenheit	Grad der Zustimmung 0–100 %
Mein Zuhause war für mich ein sicherer Ort.	
Meine wichtigsten Bezugspersonen standen mir bei.	
Auch in meinem Lebensraum außerhalb der Familie fühlte ich mich sicher.	
Meine Familie lebte in gesicherten Verhältnissen.	
Durch den Rückhalt in meiner Familie fühlte ich mich den Herausforderungen meines jeweiligen Lebensalters gewachsen.	
Zwischenergebnis als Summe aus allen Werten:	
Wie erfüllt war dieses Bedürfnis? **Mittelwert aus den 5 Aussagen**	

Gegenwart	Grad der Zustimmung 0–100 %	Wichigkeit 0–100 %
Ich vertraue in die Zukunft.		
Was ich habe, kann mir so leicht keiner nehmen.		
Ich fühle mich den Anforderungen des Lebens gewachsen.		
Ich bin in der Lage, mich auf notwendige Veränderungen einzustellen.		
Ich kann anderen vertrauen und sie vertrauen mir.		
Zwischenergebnis als Summe aus allen Werten:		
Links: Wie erfüllt ist dieses Bedürfnis? **Rechts: Wie wichtig ist die Erfüllung für Sie?** **Mittelwert aus den 5 Aussagen**		

borgenheit erleben konnten, ob unsere zwischenmenschlichen Bindungen stabil und liebevoll waren, ob wir uns altersgemäßen Herausforderungen stellen konnten, neugierig sein durften und welchen Grad an Selbständigkeit wir entwickeln konnten. Es ergeben sich so notwendigerweise Überschneidungen mit den Fragen zu anderen Grundbedürfnissen.

Wie sicher fühlen Sie sich in Ihrem Leben? Wie sehr dominiert Ihr Sicherheitsbedürfnis? Das ist gewiss nicht leicht zu beantworten. Hinweise geben Ihnen Ihre Einschätzungen zu obigen Aussagen (S. 109).

Neugier

Neugier heißt, die Welt zu erforschen. Zunächst eine ganz eng umgrenzte Welt mit Dingen, die man betasten und in den Mund stecken kann. Neugier bedeutet für das kleine Kind auszuprobieren, was passiert, wenn man dieses oder jenes tut: wie viele Bauklötze man aufeinanderschichten kann, bis der Turm umfällt, wie der Hund reagiert, wenn man ihn am Schwanz zieht, wie es sich anfühlt, die Rutschbahn am Kinderspielplatz hinunterzugleiten ... Alles, was neu ist, hat seinen Reiz, und es behält ihn auch, sofern es die Eltern zulassen, dass das Kind im Rahmen seiner Möglichkeiten und geschützt vor Gefahren sich und die Welt erproben kann. Neugier verbindet sich so mit dem Grundbedürfnis nach Zutrauen in die Erprobung eigener Fähigkeiten, auf das ich im nächsten Abschnitt noch eingehen werde. Mit fortgeschrittenem Alter stellen wir neugierige Fragen nach dem Warum und Wozu. Wie sind Ihre Eltern damit umgegangen? Haben sie Ihr Interesse geduldig und auch verständlich beantwortet? Wurde in der Schule dieses Bedürfnis gefördert und befriedigt? Oder mussten Sie sinnlos Lernstoff pauken, ohne Zusammenhänge zu begreifen und ohne Ihr Wissen anwenden zu können? Dies zu gewährleisten, sollte eigentlich ein oberstes pädagogisches Gebot sein – die Wirklichkeit sieht bedauerlicherweise oft anders aus!

Manche Eltern sind selbst wenig neugierig und geben so kein Vorbild. Sie haben womöglich Angst, auf unbekanntem Terrain könnte ihrem Kind in seiner Unerfahrenheit etwas zustoßen.

Neugier

Vergangenheit	Grad der Zustimmung 0–100 %
Meine Eltern unterstützten meine Neugier und Wissbegier.	
Es gefiel mir, Dinge zu erkunden.	
Meine Eltern ermutigten mich, spontan zu sein.	
Meine Eltern waren selbst gegenüber Neuem aufgeschlossen.	
Ich hatte genügend Zeit und Freiräume, um neue Erfahrungen zu machen.	
Zwischenergebnis als Summe aus allen Werten:	
Wie erfüllt war dieses Bedürfnis? Mittelwert aus den 5 Aussagen	

Gegenwart	Grad der Zustimmung 0–100 %	Wichigkeit 0–100 %
Ich probiere gerne neue Dinge aus.		
Ich widme mich gerne neuen Aufgaben.		
Ich erlaube mir, spontan und verspielt zu sein.		
Ich bin geistig rege, wissbegierig und aufgeschlossen.		
Ich lerne gerne neue Menschen und Kulturen kennen.		
Zwischenergebnis als Summe aus allen Werten:		
Links: Wie erfüllt ist dieses Bedürfnis? Rechts: Wie wichtig ist die Erfüllung für Sie? Mittelwert aus den 5 Aussagen		

Mit Neugier alles Fremde zu erkunden, auf Reisen und mit Büchern oder im Internet in unbekannte Welten vorzudringen, Scheu oder anfängliche Ablehnung vor Neuem zu überwinden, ist dann mit allerlei Geboten und Verboten belegt. Diese Hindernisse machen es schwer, sich ein kindliches Staunen zu bewahren, zu lernen, Respekt vor dem Anderssein zu haben, und zu begreifen und zu tolerieren, dass es noch andere Wirklichkeiten gibt als die eigene.

Wenn Sie die Fragen zur Neugier beantworten, erfahren Sie, ob Sie sich dieses Bedürfnis bewahren konnten, und wie wichtig es Ihnen ist, ihm Raum zu geben.

Autonomie

Die Entwicklung zu Autonomie vollzieht sich einerseits in kleinen Schritten, andererseits erfordert sie manchmal den Sprung ins kalte Wasser. Dies sind für viele Menschen kritische Lebensphasen: Der Schulanfang, der Auszug aus dem Elternhaus, der Umzug in eine neue Stadt, die Gründung einer Familie oder der Beginn und das Ende des Berufslebens. Nach dem Stufenmodell von Maslow können wir diese Übergänge dann gut bewältigen, wenn uns die darunterliegenden Bedürfnisstufen ein solides Fundament bieten. Fehlt dieses, kann die Angst vor dem Neuen übergroß werden. Wir versuchen dann am Vertrauten festzuhalten oder die notwendige Veränderung hinauszuschieben.

Im Idealfall können wir auf stabile Bindungen mit Schutz, Geborgenheit, Zugehörigkeit, Intimität und Verständnis bauen, auf Wertschätzung und Beachtung, auf Sicherheit und Neugier und sind im Einklang mit unseren erotischen und sexuellen Bedürfnissen. Erwies sich eine Stufe als brüchig, waren wir gezwungen, mannigfaltige Selbstschutzprogramme zu entwickeln, um doch noch auf Umwegen zu bekommen, was wir so dringend brauchten. Eigene Gefühle und Bedürfnisse zu ignorieren, die Vorstellung, unbedingt etwas Besonderes leisten zu müssen, Statussymbole anzuhäufen, andere zu kontrollieren, einseitig die Erwartungen anderer zu erfüllen oder sich zurückzuziehen sind Beispiele für das Bemühen, weitere Bedürfnisverletzungen zu vermeiden.

Autonomie heißt also nicht, dass ein Mensch im Leben alleine zurechtkommt, sondern dass er sich – in Übereinstimmung wiederum mit den Bedürfnissen anderer – die Freiheit nimmt, so zu sein, wie er ist, dass er im Einklang mit seinen Gefühlen und Bedürfnissen lebt und sein freier Wille sein Leben bestimmt. In den Worten des Psychoanalytikers Arno Gruen (in seinem Buch ›Der Verrat am Selbst – Die Angst vor Autonomie bei Mann und Frau‹): »Das Autonom-Sein entwickelt sich nicht aus Ideen über die eigene Bedeutung oder der Notwendigkeit für Unabhängigkeit, sondern aus den Möglichkeiten des ungehinderten Erlebens der eigenen Wahrnehmungen, Gefühle und Bedürfnisse.«

Er weist darauf hin, dass manche Menschen den Wunsch haben, »von ihrer Menschlichkeit befreit zu werden, weil sie sie als ›Behinderung‹ empfinden«. Das kann bedeuten, dass menschliche Fähigkeiten wie Einfühlung und Rücksichtnahme oder zwischenmenschliche Bindung manchen wie ein Klotz am Bein bei ihrem beruflichen Vorankommen erscheinen. Um dem Bedürfnis nach Autonomie gerecht zu werden, müssen wir nicht immer stark und frei von Selbstzweifeln sein. Nicht durch die Erfahrung von Hilflosigkeit und Schwäche verlieren wir Autonomie, sondern durch die immerwährende Anstrengung, anders sein zu wollen, als wir sind, um den Erwartungen anderer und den jeweiligen Gruppennormen zu entsprechen. Das viel zitierte Bedürfnis vor allem junger Menschen, »cool« zu sein, ist ein Beispiel für eine solche Irreführung im Verständnis von Autonomie. Keine Gefühle zu zeigen, nicht empfindsam zu sein, sich nicht schwach zu fühlen, gilt dann als Maßstab für ein starkes Individuum.

Nehmen wir das Beispiel von Anna: War sie als Single in diesem Sinn ein autonomer Mensch? Gewiss, sie hatte ihr Leben in die Hand genommen, war finanziell unabhängig. Aber war sie nicht auch getrieben von beruflichem Ehrgeiz, bemüht, ihre verletzten Grundbedürfnisse nach Wertschätzung und Geborgenheit durch Leistung zu kompensieren? Ihrer äußeren Autonomie entsprach keine innere. Von der Liebe zu Peter erhoffte sie sich eine Erfüllung dieser Bedürfnisse.

Autonomie

Vergangenheit	Grad der Zustimmung 0–100 %
Meine Eltern ermutigten mich, meinen eigenen Willen zu äußern.	
Meine Eltern ließen mich gewähren, ohne sich zu viele Sorgen um mich zu machen.	
Ich ließ mich nicht von anderen vereinnahmen.	
Eltern und Lehrer lobten und förderten meine Fähigkeiten.	
Ich konnte mich als der, der ich bin, annehmen.	
Zwischenergebnis als Summe aus allen Werten:	
Wie erfüllt war dieses Bedürfnis? Mittelwert aus den 5 Aussagen	

Das Autonomiebestreben umfasst das Bedürfnis nach Selbstachtung, Selbstbestimmung, Abgrenzung und benötigt den Freiraum, eigene Fähigkeiten zu erproben.

Selbstachtung bedeutet, den Wert der eigenen Person anzuerkennen, sich selbst ebenso wichtig zu nehmen wie andere Menschen und achtsam mit den eigenen Gefühlen und Bedürfnissen umzugehen.

Selbstbestimmung heißt, einen eigenen Willen zu haben und zur Geltung zu bringen, die Verantwortung für sein Handeln zu übernehmen und seine eigene Urteilskraft zu gebrauchen.

Mit *Abgrenzung* ist gemeint, das Ich vom Du unterscheiden zu können und zu dürfen. Kindern, die vor allem lernen, die Erwartungen ihrer Eltern zu erfüllen, ist nicht erlaubt, ihnen ein trotziges Nein entgegenzustellen. Sie werden vereinnahmt für die Erfüllung elterlicher Bedürfnisse und für ihr Anderssein bestraft. Der Ehrgeiz mancher Eltern kann früh den Willen zur Selbstfindung brechen. »Mach uns keine Schande!« oder »Dei-

Autonomie

Im Gegensatz zu den anderen Fragebögen finden Sie hier 10 Aussagen, da das Bedürfnis nach Autonomie für den erwachsenen Menschen facettenreicher ist als die übrigen Grundbedürfnisse. Ein eigenständiger Mensch kann sich selbst Bedürfnisse erfüllen, bei denen er in früheren Entwicklungsphasen von anderen abhängig war. Eigenständigkeit ist eine gute Basis, sich auch unabhängig von anderen sicher zu fühlen, seine Neugier ausleben zu können und sich für Gerechtigkeit einzusetzen.

Gegenwart	Grad der Zustimmung 0–100 %	Wichigkeit 0–100 %
Wenn ich mir etwas vornehme, mache ich es auch.		
Ich fühle mich für mein Leben verantwortlich.		
Ich kann wichtige Entscheidungen in meinem Leben alleine treffen.		
Ich achte meine eigenen Bedürfnisse.		
Ich kann berechtigte Kritik annehmen.		
Ich kann mich von anderen abgrenzen.		
Ich kann durch mein Handeln etwas bewirken.		
Ich nehme meine Grenzen wahr und akzeptiere sie.		
Ich achte die Bedürfnisse anderer.		
Ich lebe nach meinen eigenen Werten.		
Zwischenergebnis als Summe aus allen Werten:		
Links: Wie erfüllt ist dieses Bedürfnis? Rechts: Wie wichtig ist die Erfüllung für Sie? Mittelwert aus den 10 Aussagen, also Summe aller Werte geteilt durch 10.		

ne Schulnoten könnten besser sein!« sind oft Appelle, die zur Erhaltung von Liebe und Geborgenheit befolgt werden müssen.

Abgrenzung heißt demnach, sich der Vereinnahmung durch die Bedürfnisse anderer entgegenzustellen, sich nicht permanent für die Gefühlswelt seiner Mitmenschen verantwortlich zu fühlen, sich im Anderssein seiner Umwelt zuzumuten. Besonders in der Pubertät drängt dieses Bedürfnis nach Ausdruck: Sich die Haare grün zu färben, sich Nächte um die Ohren zu schlagen, Gebote zu übertreten sind tatsächlich für Eltern oft Zumutungen und wollen es auch sein. Eltern brauchen dazu gute Nerven und eine einigermaßen ausgeglichene eigene Bedürfnisbilanz. Die sich aufopfernde Mutter und der sich für den Wohlstand der Familie abrackernde Vater bemühen sich zwar um Pflichterfüllung, versäumen dabei aber jegliche Selbstfürsorge. Ihre eigene Gefühls- und Bedürfniswelt bleibt hinter dicken Mauern verschlossen – auch eine Art von Abgrenzung, für Kinder jedoch kein Vorbild für selbstbestimmtes Verhalten.

Auf dem Weg zur Autonomie brauchen wir Freiräume, um *Zutrauen in die eigenen Fähigkeiten* zu erlangen. Eltern behindern dieses Bedürfnis, wenn sie immer alles besser wissen, auf ihre eigene Lebenserfahrung pochen, selbst alle Entscheidungen treffen und den Kindern alle Schwierigkeiten aus dem Weg räumen. »Das kannst du noch nicht, lass mich das machen!« oder »Du wirst schon noch sehen, was du davon hast!« sind Botschaften an das Kind – häufig geboren aus Ungeduld oder Angst –, die das Vertrauen in die eigene Kompetenz untergraben. Zeit zu bekommen, um herauszufinden, was man selber will, und Fehler machen zu dürfen, um aus ihnen lernen zu können, sind die Grundlagen für die Entwicklung von Selbstvertrauen und Selbstbestimmung.

Ihre Bedürfnisbilanz: Können Sie zufrieden sein?

Wenn Sie nun die Ergebnisse zusammenfassen, können Sie bilanzieren, inwieweit Ihre Grundbedürfnisse erfüllt wurden bzw. werden und wie wichtig Ihnen diese gegenwärtig erscheinen.

Dazu tragen Sie bitte die jeweils errechneten Mittelwerte in die folgende Tabelle ein.

	Vergangenheit	Gegenwart	
	Grad der Erfüllung: 0–100%	Grad der Erfüllung: 0–100%	Grad der Wichtigkeit: 0–100%
Stabile zwischenmenschliche Bindung			
Wertschätzung und Beachtung			
Gleichbehandlung und Gerechtigkeit			
Intimität, Erotik, Sexualität			
Sicherheit			
Neugier			
Autonomie			

Sollten Sie sich beim Ausfüllen der Fragebögen zur Vergangenheit an konkrete Szenen von Bedürfnisverletzungen erinnert haben, bedeutet dies einen ersten Hinweis auf möglicherweise daraus entstandene wunde Punkte. Wir werden uns im *4. Kapitel* noch genauer damit beschäftigen, wie sich das bei banalen Anlässen auswirken kann.

Einen Überblick über Ihre gegenwärtige Lebenssituation bekommen Sie mit einer weiteren Tabelle, in der wir die Bedürfniserfüllung und die Wichtigkeit miteinander in Beziehung setzen. Die senkrechte Achse gibt den Grad der Wichtigkeit, die waagrechte den Grad der Bedürfniserfüllung wieder. Diese *Bedürfnisbilanz* dient der groben Orientierung:

1. Welche Bedürfnisse sind weitgehend unerfüllt bzw. erscheinen Ihnen nicht so wichtig (Mittelwert 20 % oder weniger),
2. welche kommen eher zu kurz bzw. erscheinen Ihnen nicht unbedingt vorrangig (Mittelwert zwischen 21 und 50 %),
3. welche sind weitgehend erfüllt bzw. ziemlich wichtig (Mittelwert zwischen 51 und 80 %) und
4. welche sind ganz erfüllt bzw. sehr wichtig (Mittelwert zwischen 81 und 100 %)?

Mit dieser Unterteilung werden die unteren bzw. oberen Bereiche hervorgehoben, sodass Sie unmittelbar erkennen können, wo Ihre Bedürfnisse nicht oder ganz erfüllt bzw. nicht wichtig oder sehr wichtig sind (Punkt 1 bzw. 4). Die beiden Bereiche dazwischen (Punkt 2 und 3) sind weiter gefasst, bringen also ein Mehr oder Weniger an Bedürfnisbefriedigung zum Ausdruck.

Sie können damit Ihre Mittelwerte in eine Tabelle mit vier mal vier Kästchen einordnen. Den Grad der Wichtigkeit gibt die senkrechte Achse an, den Grad der Erfüllung die waagrechte. In das Kästchen, wo die zugehörigen Spalten bzw. Zeilen zusammentreffen, tragen Sie den Namen des jeweiligen Grundbedürfnisses ein. Beispiel: Sebastians Grundbedürfnis nach »Neugier« hatte einen Mittelwert für die Erfüllung von 26 %, für die Wichtigkeit einen Mittelwert von 58 %. Für Sebastian war dieses Bedürfnis wenig erfüllt, aber ziemlich wichtig.

Insgesamt blickt Sebastian zufriedener auf die Gegenwart als auf die Vergangenheit. Dass sein Bedürfnis nach Wertschätzung und Beachtung heute ziemlich erfüllt ist, hat allerdings – wie wir sehen konnten – einen hohen Preis. Der Mittelwert für stabile Bindung liegt heute niedriger, da er sich in seiner Ursprungsfamilie geborgener gefühlt hat als in seinen jetzigen Beziehungen (nur die Bindung zu seiner Frau erlebt er als sehr stabil). Was

Sebastians Bedürfnisbilanz: Ist-Zustand

Wichtigkeit	**GRUNDBEDÜRFNISSE in der Gegenwart**			
81–100 % sehr wichtig		Autonomie Stabile Bindung	Wertschätzung und Beachtung Intimität, Erotik und Sexualität	
51–80 % ziemlich wichtig		Neugier	Gleichbehandlung und Gerechtigkeit	
21–50 % nicht sehr wichtig			Sicherheit	
0–20 % nicht wichtig				
Erfüllung	0–20 % nicht erfüllt	21–50 % wenig erfüllt	51–80 % weitgehend erfüllt	81–100 % ganz erfüllt
zum Vergleich	**GRUNDBEDÜRFNISSE in der Vergangenheit**			
	Wertschätzung und Beachtung	Gleichbehandlung und Gerechtigkeit Intimität, Erotik und Sexualität Autonomie Neugier	Sicherheit Stabile Bindung	

Ihre Bedürfnisbilanz: Ist-Zustand

Wichtigkeit	**GRUNDBEDÜRFNISSE** in der Gegenwart			
81–100 % sehr wichtig				
51–80 % ziemlich wichtig				
21–50 % nicht sehr wichtig				
0–20 % nicht wichtig				
Erfüllung	0–20 % nicht erfüllt	21–50 % wenig erfüllt	51–80 % weitgehend erfüllt	81–100 % ganz erfüllt
zum Vergleich	**GRUNDBEDÜRFNISSE** in der Vergangenheit			

ihm vor allem fehlt und sehr wichtig erscheint, ist das Bedürfnis nach Autonomie.

Nun sind Sie wieder am Zug: Tragen Sie bitte Ihre Grundbedürfnisse entsprechend in die nebenstehende Tabelle ein!

Was hat sich bei Ihnen zwischen Vergangenheit und Gegenwart verändert? Wenn Sie Ihre Mittelwerte aus der Vergangenheit mit denen aus der Gegenwart vergleichen, werden Ihnen wahrscheinlich einige Veränderungen auffallen.

Autonomie etwa könnte Ihnen heute wichtiger erscheinen als in der Kindheit. Ist dieses Bedürfnis heute erfüllt, sind Sie wohl nicht so leicht aus der Ruhe zu bringen und Sie können die gelegentliche Frustration anderer Bedürfnisse leichter ertragen (z.B. durch die Fähigkeit zur Abgrenzung gegenüber Erwartungen anderer). Von besonderem Interesse ist, ob Bedürfnisse, die früher nur wenig erfüllt wurden, sich gegenwärtig noch in demselben Feld befinden. Das könnte bedeuten, dass Sie nach wie vor etwas Wichtiges vermissen und daher sehr auf die Erfüllung dieses Bedürfnisses angewiesen sind. Entsprechend empfindlich könnten Sie dann auf diesbezügliche Gefährdungen oder Verletzungen reagieren. Wenn beispielsweise das unerfüllte Bedürfnis nach Wertschätzung oder Verständnis wunde Punkte hinterlassen hat, so können schon geringe Anzeichen einer Frustration dieser Bedürfnisse Ihr Gleichgewicht gefährden. Dieser Zusammenhang wurde in den Beispielgeschichten deutlich und wird uns vor dem Hintergrund Ihrer eigenen Erfahrungen noch im nächsten Kapitel beschäftigen.

Um Ihnen die Interpretation Ihrer heutigen Bilanz zu erleichtern, habe ich die 16 Felder der Tabelle in vier Bereiche untergliedert (gepunktete Linie). Es ergibt sich inhaltlich folgende Tabelle:

Die vier Bereiche Ihrer Bedürfnisbilanz

Bereich 1 **Erfüllung: gering** **Wichtigkeit: hoch** Was Ihnen heute wichtig ist, wird nicht oder nur wenig erfüllt. Für Ihre Lebenszufriedenheit wäre zu prüfen, wie die in diesem Feld angesiedelten Bedürfnisse in Ihrem Leben mehr Raum einnehmen könnten.	**Bereich 2** **Erfüllung: hoch** **Wichtigkeit: hoch** Was Ihnen wichtig ist, wird weitgehend oder völlig erfüllt. Wären alle Bedürfnisse in diesem Bereich, könnte man Sie nur beglückwünschen!
Bereich 3 **Erfüllung: gering** **Wichtigkeit: gering** Diese Bedürfnisse erscheinen Ihnen weder erfüllt noch wichtig. Das kann für Sie so ganz in Ordnung sein. Vielleicht haben Sie sich aber auch nur damit abgefunden, dass eine Befriedigung dieser Bedürfnisse nicht erreichbar ist – wie der Fuchs in der Fabel die unerreichbaren Trauben als zu sauer einschätzt. Möglich auch, dass Sie diese Bedürfnisse schon aus den Augen verloren haben. Dann wäre es überlegenswert, das Potenzial dieser Bedürfnisse für eine größere Lebenszufriedenheit zu erproben!	**Bereich 4** **Erfüllung: hoch** **Wichtigkeit: gering** Hier finden Sie zwar erfüllte Bedürfnisse, die aber für das Gefühl von Zufriedenheit wenig bedeutsam erscheinen. Sie mögen denken, es kann so bleiben, wie es ist. Was Sie haben, mag Ihnen vielleicht selbstverständlich erscheinen (vergleichbar mit der Luft zum Atmen). Was wäre aber, wenn diese Bedürfnisse nicht erfüllt wären? Die Einschätzung der Wichtigkeit könnte sich dann ändern. Auch die Erfüllung dieser Bedürfnisse wertzuschätzen, kann von Nutzen sein.

Bedürfniskonflikte: Wo müssen Sie sich eventuell entscheiden?

Grundbedürfnisse können – wie schon angesprochen – miteinander im Widerstreit liegen. Haben Sie schon einmal darüber nachgedacht, ob Sie ein wichtiges Bedürfnis zurückstellen könnten, um ein anderes zu befriedigen, das Ihnen vorrangig erscheint? Manche Menschen tun alles, um beachtet zu werden, und laufen dabei Gefahr, Ihre Selbstachtung einzubüßen. Wieder andere klammern sich an einen Menschen und verzichten um einer festen Bindung willen auf andere Bedürfnisse wie Selbstbestimmung und Erprobung eigener Fähigkeiten. Womöglich haben Sie sich mit solchen Konflikten arrangiert und sind mit diesen Kompromissen zufrieden. Denkbar freilich auch, dass die Konflikte immer wieder zu inneren oder zwischenmenschlichen Spannungen führen. Anzeichen für Bedürfniskonflikte findet man bei Menschen, denen man es manchmal nicht recht machen kann. Zwei oder auch mehrere Seelen in einer Brust sind nun mal schwer vereinbar. Solche Konflikte sind oft nicht bewusst; man erlaubt sich vielleicht gar nicht mehr, dieses oder jenes Bedürfnis zu haben oder gar zu äußern. Etwa weil man Angst hat, seine Mitmenschen zu überfordern oder zu verunsichern. Einmal allein in Urlaub zu fahren beispielsweise könnte das Vertrauen in die eigenen Fähigkeiten stärken, aber aus Gründen der Rücksichtnahme auf die Partnerschaft wird der Gedanke nicht ernsthaft in Erwägung gezogen. Oder Sie trauen sich nicht, Ihre Meinung zu äußern, um Ihr Bedürfnis nach Zugehörigkeit nicht zu gefährden. Anhand Ihrer Bedürfnisbilanz können Sie sich fragen, welche Prioritäten Sie möglicherweise schon seit langer Zeit setzen und welche Bedürfnisse Sie zurückgestellt haben. Es ist sinnvoll, wenn Sie sich Ihre Gedanken dazu notieren, da wir später noch darauf zurückkommen werden.

Bedürfniskonflikte sind nicht leicht zu lösen. Sie zu erkennen und zu offenbaren ist dabei ein wichtiger erster Schritt. Auch aus banalem Anlass können Konflikte aufbrechen, wie die Fallgeschichten gezeigt haben. Wir nehmen uns oft gar nicht die Zeit nachzuspüren, was uns im Moment am wichtigsten ist und worauf wir gegebenenfalls bereit sind zu verzichten.

Eine Bedürfnisbilanz kann man als innere Kosten-Nutzen-Rechnung betrachten. Notwendigerweise handelt es sich dabei um einen Kompromiss zwischen verschiedenen Bedürfnissen. Auch erleben wir Erfüllung oder Frustrationen in verschiedenen Lebensbereichen. Eventuell sind im beruflichen Bereich Bedürfnisse erfüllt, deren Befriedigung wir in der Familie vermissen oder umgekehrt. Schwierig wird es, wenn jemand seinen Frust aus dem Büro zu Hause ablässt: ein Selbstschutzprogramm gewissermaßen am falschen Ort! Vielleicht wünscht man sich im Grunde, wenigstens zu Hause anerkannt zu werden, handelt sich aber durch sein Verhalten das krasse Gegenteil ein. Oder jemand erwartet aufgrund seiner beruflichen Position, dass man ihm in der Familie wie selbstverständlich die gleiche Wertschätzung entgegenbringt wie in der beruflichen Rolle, und verkennt dabei, dass als Familienmitglied ganz andere soziale Kompetenzen gefragt sind. Bei der Suche nach Lösungswegen in *Kapitel 5* werden Konflikte zwischen verschiedenen Bedürfnissen noch im Einzelnen veranschaulicht.

Wie teilen Sie Ihre Zeit und Energie ein? Wunsch und Wirklichkeit

»Dafür habe ich leider keine Zeit!« ist sicher eine der häufigsten Klagen, wenn wir gerne etwas täten und nicht dazu kommen, ebenso eine häufige Begründung, wenn uns jemand einen Wunsch abschlägt. Wer aber bestimmt eigentlich, wofür wir Zeit haben? Gewiss, nur wenige Menschen leben in dem Gefühl, dass sie ihre Zeit selbst einteilen, selbst bestimmen, wofür sie sich Zeit nehmen und wofür nicht, dass sie also selbst die Prioritäten setzen. Eher scheint es, dass vermeintlich unausweichliche Sachzwänge den Takt vorgeben. Das Empfinden von Zeitmangel und Zeitdruck wird zum ständigen Lebensbegleiter. Demgegenüber zielt die Frage: »Wie teile ich meine Zeit ein?« auf ein Stück Selbstverantwortung, darauf, dass wir nicht Opfer irgendwelcher Zeitfresser sind, sondern aktiv beeinflussen, wofür Zeit bleibt und wofür nicht. Wie viel wir arbeiten, mit wem oder was wir unsere Zeit verbringen, wie viel Zeit für Muße oder Genuss bleibt, spiegelt unser Werte- und Bedürfnissystem. So gesehen ist unsere persönliche Zeit- und Energieeinteilung gut geeignet, um zu erfahren, auf welche Bedürfnisse unsere Aktivitäten tatsächlich ausgerichtet sind.

Wie können wir uns vergegenwärtigen, worauf wir unsere Zeit und Energie verwenden? Stellen Sie sich eine Torte vor, die Sie in verschieden große Stücke einteilen können. Die Torte repräsentiert die gesamte, also 100 % der Ihnen während einer Woche zur Verfügung stehenden Zeit und Energie. Wie teilen Sie eine durchschnittliche Woche ein? Versuchen Sie, »über den Daumen gepeilt«, die wichtigsten Bereiche zusammenzufassen (beispielsweise Beruf, Familie, Freunde, Fernsehen, Sport, Hobbys und Interessen, Muße, Körperpflege).

Malen Sie auf ein DIN-A-4-Blatt einen großen Kreis und teilen Sie ihn in Segmente, die Auskunft geben über die Verteilung Ihrer Zeit und Energie. Sollten Sie dabei Schwierigkeiten haben, empfiehlt es sich aufzuschreiben, was Sie während einer typischen Woche tun. Dazu eignet sich ein Stunden- und Tagesplan, wie Sie ihn aus Schulzeiten kennen. Ordnen Sie Ihre Aktivitäten den verschiedenen Bereichen zu. Schauen wir uns als Beispiel Sebastians Zeit- und Energiekreis an (S. 126).

Sebastian kommentierte dieses Bild mit Stirnrunzeln, da er nicht wenig Zeit und Energie für Aufgaben aufbringt, deren Erledigung vorwiegend anderen nützt (immerhin 15 %). Er erkannte, dass er sich bei der Verteilung von Gemeinschaftsaufgaben immer schneller gemeldet hat als etliche seiner Mitmenschen. Dabei hat er sich über die Nutznießer seiner Hilfsbereitschaft durchaus schon manchmal – im Stillen – geärgert. (Die Thematik der Eingangs- und Lebensgeschichte ist hier leicht wiederzuerkennen: Wird er gebraucht, fühlt er sich willkommen und zugehörig, also tut er viel dafür, gebraucht zu werden.)

Wie verteilen Sie gegenwärtig Ihre Zeit und Energie?

Bei einem ersten Blick auf Ihren Zeit- und Energiekreis wer-

Sebastians Energiekreis

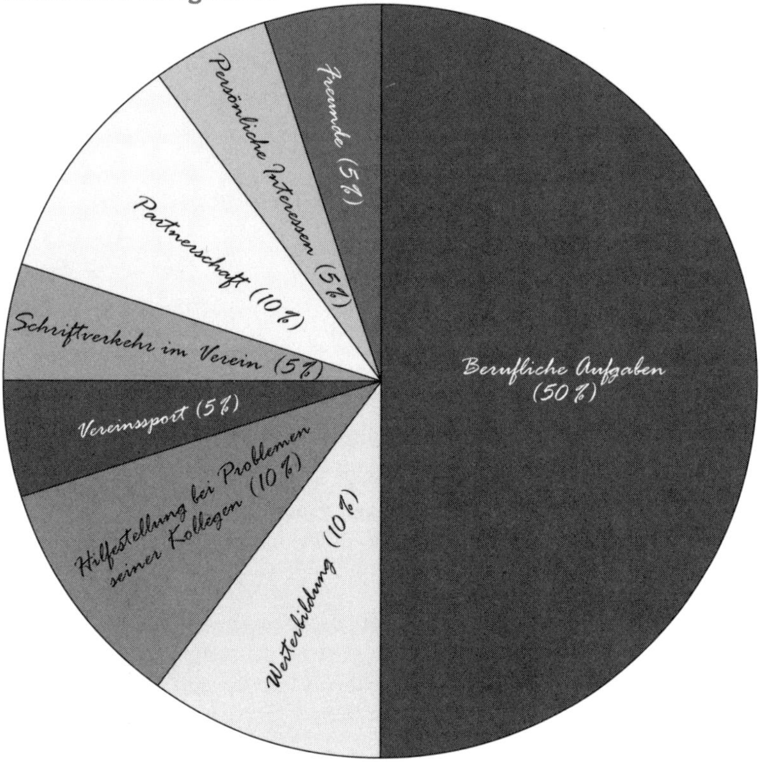

den Sie vielleicht nachdenklich reagieren, warum dieses oder jenes solch großen oder geringen Raum einnimmt bzw. überhaupt nicht vorkommt. Wichtig ist, dass Sie alles bedacht haben. Sie werden möglicherweise feststellen, dass manche Energiefresser wenig zu Ihrer persönlichen Befriedigung beitragen, andere Bereiche, die Ihnen ein Gefühl von Zufriedenheit vermitteln, dagegen zu kurz kommen.

Malen Sie nun nochmals einen Energiekreis auf, jetzt aber mit einer Einteilung, die Ihren Wünschen entspricht. Versuchen Sie dies ohne Bewertung, egal ob es überhaupt realistisch ist oder Ihnen vielleicht zu egoistisch erscheint. Anregungen finden Sie natürlich auch in Ihren Antworten in den Fragebögen.

Vergleichen Sie anschließend Wunsch und Wirklichkeit: Bei

Betrachtung der beiden Kreise werden Sie vermutlich beachtenswerte Unterschiede feststellen. Verschafft Ihnen die gegenwärtige Energieverteilung ausreichend Zufriedenheit, Lebensfreude, Glücksmomente? Auf der anderen Seite: Wo wünschen Sie sich Veränderungen, wo empfinden Sie einen Mangel?

Was erfahren wir daraus über die Befriedigung von Grundbedürfnissen? Dazu empfiehlt sich eine Gegenüberstellung von Aktivitäten (die Investition Ihrer Energie in die verschiedenen Lebensbereiche) und Grundbedürfnissen, die dadurch befriedigt werden. Zur Veranschaulichung Sebastians Bilanz:

Sebastians Energieaufwand (Ist-Zustand) in Relation zu den Grundbedürfnissen

Aktivität (prozentualer Energieaufwand)	Mögliche Grundbedürfnisse
Beruf (eigene Aufgaben) (50 %)	Autonomie, Sicherheit, Wertschätzung
Beruf (Hilfestellung für andere) (10 %)	Wertschätzung, stabile Bindung mit Zugehörigkeit
Berufliche Weiterbildung (10 %)	Wertschätzung, Autonomie
Partnerschaft (10 %)	Stabile Bindung mit Liebe und Verständnis, Wertschätzung, Intimität, Erotik und Sexualität
Persönliche Interessen (5 %)	Neugier, Autonomie
Kontakt mit Freunden (5 %)	Stabile Bindung, Wertschätzung
Sport (5 %)	Autonomie mit Vertrauen in eigene Fähigkeiten
Vereinsorganisation (5 %)	Stabile Bindung mit Zugehörigkeit

Die Bedürfnisse nach Wertschätzung und stabiler Bindung (im Besonderen Zugehörigkeit) sucht er vor allem über Leistung zu erreichen, was sich aus dem Engagement im beruflichen Bereich und seiner Mitarbeit in der Vereinsorganisation ergibt. Eine eher geringe Rolle kommt seinem als sehr wichtig eingeschätzten Bedürfnis nach Autonomie (insbesondere Abgrenzung) zu. Dieses ordnet er offenbar den Bedürfnissen nach Zugehörigkeit und Wertschätzung unter. Auch Neugier als ein Bedürfnis von ziemlicher Wichtigkeit kommt augenscheinlich zu kurz. Gerechtigkeit und Gleichbehandlung erscheinen nicht, für dieses Bedürfnis bedarf es offenbar keines besonderen Energieeinsatzes.

Was bedeutet für ihn diese Bilanz? Die knappe Antwort: Anstrengung! Die Einseitigkeit seiner Bemühungen um Wertschätzung und stabile zwischenmenschliche Bindungen bedroht auf Dauer sein seelisches Gleichgewicht und drängt andere Bedürfnisse in den Hintergrund. Wie wir gesehen haben, aktiviert der wunde Punkt ein Programm zum Selbstschutz, das immer weitere Anstrengung erfordert oder in resignativen Rückzug mündet. Hier wird nochmals offenkundig, dass Sebastian wahrlich gute, wenn auch schwer erkennbare Gründe hat, in dieser Situation verstimmt zu sein. Freilich nicht, weil in der beschriebenen Situation andere sich falsch oder unangemessen verhalten hätten, sondern weil er einem Elefanten begegnet, der – wenn er ihn ernst nimmt – Anlass gibt, seine Energieverteilung und damit seine Lebensführung zu überdenken.

Kehren wir zurück zu Ihnen, liebe Leser, schließlich gilt dieses Kapitel Ihrer Spurensuche und Ihren Grundbedürfnissen.

Welche Bedürfnisse haben für Sie Priorität? Welches der sieben Grundbedürfnisse taucht in der Tabelle selten oder gar nicht auf?

Erstellen Sie zum Vergleich danach die Tabelle für Ihren Wunsch-Zustand.

Ihr Energieaufwand (Ist-Zustand) in Relation zu den Grundbedürfnissen

Aktivität (prozentualer Energieaufwand)	Grundbedürfnisse

Ihr Energieaufwand (Wunsch-Zustand) in Relation zu den Grundbedürfnissen

Aktivität (prozentualer Energieaufwand)	Grundbedürfnisse

Hier stellen sich wahrscheinlich wichtige Fragen an Ihre bisherige Lebensführung und weitere Lebensplanung: Sind Bedürfnisse dazugekommen, die Sie in Ihrem Leben bisher nicht berücksichtigt haben? In welchen Bereichen kann es so bleiben, wie es ist?

Jede Bedürfnisbilanz hat ihre Geschichte. Sie ist Resultat vielfältiger Lebenserfahrungen aus erfreulichen und weniger erfreulichen Lebensumständen. Werfen Sie also nochmals einen Blick in Ihre Vergangenheit! Welche Bedürfnisse wurden unter Umständen schon in Ihrer Kindheit und Jugend zu wenig erfüllt? Haben Sie sich damit abgefunden oder spüren Sie diese Bedürfnisse noch? Gebote und Verbote könnten Sie – ähnlich wie bei unseren Protagonisten – in schwierige Konflikte zwischen elementaren Bedürfnissen gebracht haben. Um solche Konflikte zu lösen, standen Ihnen als Kind möglicherweise keine angemessenen Bewältigungsstrategien zur Verfügung. Auch hätte die Äußerung von unerwünschten Bedürfnissen mit Nachteilen verbunden sein können. Dadurch konnte allein schon der Gedanke an ein Bedürfnis beunruhigend sein.

So gesehen haben Sie nach Ihren jeweiligen Möglichkeiten das Beste daraus gemacht und sich den Gegebenheiten angepasst. Der Preis dafür könnte allerdings der unfreiwillige Verzicht auf die Erfüllung jener Bedürfnisse gewesen sein, die in der Regel auf den Bedürfnisstufen höher angesiedelt sind. Besonders Selbstbestimmung und Abgrenzung – entscheidend für eine Entwicklung zu einer eigenständigen Persönlichkeit – könnten dann zu kurz gekommen sein. Ihre Bedürfnisbilanz gibt darauf eine Antwort.

***

Die Kenntnis Ihrer Grundbedürfnisse und der Grad ihrer Befriedigung wie ihrer Wichtigkeit offenbart Ihnen, was Sie im Leben wirklich brauchen. Dies ist für Ihr inneres Gleichgewicht von grundsätzlicher Bedeutung. Unerfüllte Bedürfnisse erzeugen eine wiederkehrende Anspannung, auch sind unsere Selbstschutzprogramme anstrengend und kosten viel Energie.

Damit sind Sie nun gut vorbereitet für die Entdeckung Ihres oder Ihrer persönlichen Elefanten. Das nun folgende Kapitel wird Ihnen helfen zu erfassen,

- welche wunden Punkte bei vermeintlich banalen Anlässen angesprochen sein können,
- wie sich in der kritischen Situation Ihr Bild von sich selbst und den Mitmenschen verändern kann und
- mit welchen eingefahrenen und meist unbewussten Programmen zum Selbstschutz Sie drohenden oder tatsächlichen Bedürfnisverletzungen zu begegnen trachten.

Pflicht
Mückenzone
!
Sackgasse
MACHT
Anstrengung
Vertrauen
STOP
Vernunft
Liebe
5t

> Nicht die Dinge selbst beunruhigen die Menschen, sondern die Vorstellungen von den Dingen.
>
> *Epiktet*

Kapitel 4

Entdecken Sie Ihre(n) Elefanten

Ihre Grundbedürfnisse kennen Sie nun und wissen auch, wo Sie einen Mangel empfinden. Nun geht es darum, Ihren inneren Elefanten zu erforschen. Dabei sind verschiedene Zugänge möglich. Manche Aspekte dürften Ihnen bekannt sein, andere erschließen sich leicht, wieder andere sind dem Bewusstsein schwerer zugänglich. Am besten machen Sie sich bei Ihrer Selbsterforschung Notizen. Ich empfehle Ihnen, sich zunächst auf ein relevantes Thema zu beschränken und dazu alle Zugänge auszuprobieren. Das Vorgehen lässt sich dann unschwer auf andere Mücken und Elefanten übertragen.

Sie sehen: Es kostet ein wenig Energie, den verborgenen Elefanten zu erkennen und seine Bedeutung zu verstehen. Vielleicht finden Sie sich in den in *Kapitel 2* beschriebenen Situationen zumindest teilweise wieder und können somit Anregungen daraus ziehen. Außerdem werden Sie feststellen, dass jeder Schritt auch andere Teile des Elefanten beleuchtet, ähnlich wie bei einem Kreuzworträtsel ein gefundenes Wort Buchstaben für weitere Wörter liefert. Antworten aus dem einen Bereich können so zu überraschenden Aha-Erlebnissen in anderen Bereichen führen.

Im Zentrum unseres Interesses steht der wunde Punkt, der berührt wird. Leider wissen wir meist nicht, was wir in dieser

Situation der Aufregung am dringendsten brauchen, d.h. welches wichtige Bedürfnis verletzt oder gefährdet ist und beachtet werden sollte.

Das folgende Diagramm zeigt im Überblick, wie Sie die verschiedenen Bereiche Ihres Elefanten erkunden können:

Zugang 1:
Die Mücke
Fragen zu Auslösern und wiederkehrenden Themen

Zugang 2:
Die Aufregung
Fragen zu schwer erklärbaren Gefühlen und automatischen Gedanken im Alltag

Zugang 3:
Der wunde Punkt
Bestimmung der Verletzbarkeit bezüglich eines Grundbedürfnisses

Zugang 4:
Programm zum Selbstschutz
Erkennen festgefahrener Überzeugungen und Handlungsmuster in der kritischen Situation

Zugang 5:
Selbst- und Fremdbild
Eigenschaftsprofile – die Einschätzung Ihrer Person und anderer Menschen in der kritischen Situation

Zugang 6:
Lebensgeschichte
Erinnerungen an frühere Verletzungen von Grundbedürfnissen

Ihr Elefant: Wie Sie zu ihm Zugang finden

Zugang 1: Die Mücke

Um herauszufinden, welche vermeintlichen Kleinigkeiten wie auf Knopfdruck unangenehme Gefühle bei Ihnen auslösen, listen die folgenden Fragebögen eine Reihe von Begebenheiten auf, die Ihnen sicher bekannt vorkommen. Geschildert werden Szenen aus dem privaten und beruflichen Bereich. Je nachdem, wie nah Ihnen Menschen sind und in welcher Rolle Sie ihnen begegnen, können Sie auf unterschiedliche wunde Punkte stoßen.

Dies ist natürlich nur eine kleine Auswahl. Beobachten Sie sich und Ihre Mitmenschen im Alltag und machen Sie sich entsprechend Notizen. Dann können Sie die Listen um individuelle Situationen ergänzen. Welches Gefühl Sie dabei erleben, ob Ärger, Angst, Enttäuschung, Scham usw. lassen wir zunächst außer Acht; das kommt im nächsten Schritt. Es geht hier nur darum, wie stark und/oder nachhaltig Sie Ihre emotionale Reaktion werten.

Ihre Einschätzung erfolgt auf einer Skala von 0 bis 3.
0: Sie erleben keine besonderen Emotionen,
1: Sie verspüren ein leichtes Unbehagen,
2: Sie nehmen ein deutliches Unbehagen wahr,
3: Sie schätzen ihre Emotion als stark und/oder nachhaltig ein.

Erlebnisse mit Fremden

	Stärke			
Situation	**0**	**1**	**2**	**3**
Sie wollen mit Ihrem Auto einparken. Ein anderer Verkehrsteilnehmer nimmt Ihnen die Parklücke weg.				
Sie werden durch Telefonwerbung belästigt.				
Jemand hat bei einem Vortrag sein Handy nicht ausgeschaltet.				

Sie bekommen in einem Laden vom Verkäufer eine falsche Auskunft.				
Eine Reparatur ist nicht zu Ihrer Zufriedenheit ausgefallen.				
Jemand lässt vor Ihrer Nase eine Tür zufallen.				
Sie müssen bei einem vereinbarten Termin lange Zeit warten.				
Sie werden im Gedränge angerempelt.				
Welche Auslöser für emotionale Erregung kennen Sie noch?				

Erlebnisse mit Familienmitgliedern, Freunden oder Bekannten

	Stärke			
Situation	**0**	**1**	**2**	**3**
Sie sind in einem Gespräch. Das Telefon klingelt. Ihr Gesprächspartner führt in Ihrer Anwesenheit ein längeres Telefonat.				
Ihr Partner/Ihre Partnerin äußert Kritik (z.B. beim Autofahren: »Du fährst zu schnell/du kannst nicht einparken...« oder beim Kochen: »Das ist der falsche Kochtopf« oder »Nimm nicht so viel Salz ...«)				

Jemand kommt ca. 10 Minuten zu spät zu einer Verabredung.				
Sie stellen Ihrem Partner/Ihrer Partnerin eine Frage. Er/sie reagiert nicht.				
Ein Freund/eine Freundin vergisst, Ihnen zum Geburtstag zu gratulieren.				
Jemand äußert Erstaunen, dass Sie etwas, das seiner Ansicht nach zur Allgemeinbildung zählt, nicht wissen.				
Ein guter Freund meldet sich nicht bei Ihnen und reagiert auch nicht auf Ihre Versuche, mit ihm Kontakt aufzunehmen.				
Sie sind bei einer größeren Feier nicht eingeladen, obwohl Sie es erwartet hätten.				
Welche Auslöser für emotionale Erregung kennen Sie noch?				

Erlebnisse aus dem beruflichen Bereich

Situation	Stärke 0	1	2	3
Ein Kollege/eine Kollegin versäumt es, Sie zu begrüßen.				
Ihr Chef macht Sie auf einen Flüchtigkeitsfehler aufmerksam.				

Ein Kollege/eine Kollegin stellt an Sie eine kritische Frage.				
Während Sie bei einer Besprechung das Wort ergreifen, flüstern zwei Kollegen miteinander.				
In einem Ihrer Zuständigkeitsbereiche hat man aus unklaren Gründen versäumt, Sie zu einer Besprechung einzuladen.				
Jemand erklärt Ihnen etwas, das Sie schon wissen.				
Jemand gebraucht häufig Fremdwörter, die Sie nicht kennen.				
Kollegen unterhalten sich. Bei Ihrem Hinzutreten verstummt das Gespräch.				
Welche Auslöser für emotionale Erregung kennen Sie noch?				

Welche Situationen sind Ihnen als Ärgernis vertraut? Wie stark ist Ihre emotionale Reaktion? Wenn Sie eine »2« oder »3« angekreuzt haben und das Problem auf rein sachlicher Ebene eigentlich nicht schwer zu lösen wäre, steckt dahinter vielleicht ein anderes Thema, das gewissermaßen das Geschehen emotional auflädt. Sie haben dann einen ersten Hinweis auf einen potenziellen Elefanten.

Bitte notieren Sie, was die Situationen, in denen Sie sich immer wieder aufregen, gemeinsam haben. Welche Themen wiederholen sich?

Zugang 2: Die Aufregung

Welche Gefühle hinter einer Aufregung stecken, ist für viele Menschen nicht einfach zu erkunden. Obwohl die deutsche Sprache viele Begriffe für den Ausdruck unseres Gefühlslebens kennt, beschränken wir uns in der Alltagssprache meist auf grobrastrige Zuordnungen: Das passt mir nicht, das kann ich nicht leiden, das verdirbt mir die Laune, das tut mir weh oder (bei Jüngeren) das nervt. Manche Menschen kommen gar ganz ohne Worte aus: Sie verdrehen die Augen, wiegen bedenklich den Kopf, machen eine abwehrende Handbewegung, stöhnen oder seufzen vernehmlich oder knallen mit der Tür. Schließlich gibt es noch die Gefühlsbotschaften »zwischen den Zeilen«: Der Satz etwa: »Schön, dass du endlich da bist!«, offenbart nur durch den Tonfall, ob der Sprecher wirklich Freude oder z.B. Ärger empfindet.

Achtsamer und sprachlich differenzierter Umgang mit Gefühlen wird den meisten Menschen nicht beigebracht oder vorgelebt. Besonders unangenehme Gefühle gelten als lästiges Sandkorn im Getriebe, sie zu zeigen als Zeichen von Schwäche. Doch auch wenn wir es nicht immer wahrhaben wollen: Gefühle und die zugehörigen Bedürfnisse bestimmen maßgeblich unser Handeln. Gefühle

- sind die wichtigsten Zugänge zu unserem Seelenleben,
- sie warnen uns vor Gefahren und
- sie lassen sich nicht dauerhaft und folgenlos unterdrücken. (Wenn wir es dennoch versuchen, kann dies nachhaltig unsere Stimmung oder unseren körperlichen Zustand beeinträchtigen.)

Auf der Suche nach Ihren Gefühlen in kritischen Situationen kommen Ihnen vermutlich erst einmal Gedanken in den Sinn, die damit einhergehen. Wer beispielsweise bei einer Leistungsanforderung Angst erlebt, mag befürchten: »Das schaffe ich nie!« Oder Sie tappen in ein Fettnäpfchen, schämen sich und sind überzeugt: »Hier kann ich mich nie wieder blicken lassen!« Oder Sie empfinden Ärger über das rücksichtslose Verhalten eines anderen und denken: »So ein Rüpel!« Um einen Elefanten zu erkunden, müssen wir beides ansehen: Gefühle und Gedanken. Sie beeinflussen sich gegenseitig; das eine ergibt sich aus dem anderen – wie die gerade erwähnten Beispiele zeigen.

Vielleicht haben Sie bei sich schon mehrere »Mücken« entdeckt. Dann empfehle ich Ihnen, sich erst einmal zu überlegen,
- welche der gefundenen Auslöser Sie am meisten stören und
- welches wiederkehrende Thema Ihnen besonders wichtig erscheint.

Die Themenbereiche können vielfältig sein, zum Beispiel:
- Kritik von außen,
- das Gefühl, übergangen zu werden,
- das Nichteinhalten von Absprachen,
- Belehrungen durch andere,
- Konflikte zwischen verschiedenen Wünschen oder Meinungen,
- ein Gefühl der Benachteiligung.

Auch bei der Durchsicht der Fragebögen zur Erfüllung und Wichtigkeit von Grundbedürfnissen können Sie schon auf eine relevante Thematik gestoßen sein. Nachdem Sie sich für ein Thema entschieden haben, achten Sie nun bitte wieder auf Alltagssituationen, die damit zusammenhängen könnten. Sie fragen sich jetzt:
- Welches Gefühl geht mit der Aufregung einher und
- welche Gedanken schießen mir dabei durch den Kopf?

Nicht immer fällt es leicht, Gefühle genau zu differenzieren und zu benennen. Vielleicht kann Ihnen die folgende Liste mit unangenehmen Gefühlsqualitäten helfen. Bitte ergänzen Sie Ihnen vertraute Gefühle. In der kritischen Situation können auch mehrere Gefühle selbst widersprüchlicher Art auftauchen. Alte Gefühle können durch neue überdeckt sein und erst allmählich wieder ins Bewusstsein kommen. So können Zusammenhänge mit früheren Bedürfnisverletzungen offenbar werden.

Das Gefühlsleben hat seine eigene Logik; freunden Sie sich mit diesem Gedanken an, anstatt sich wegen »unerwünschter« Gefühle zu kritisieren.

Ich fühle mich dann …

traurig – verzweifelt – enttäuscht – schuldig – leer

ängstlich – besorgt – geängstigt – beschämt – angespannt

verärgert – zornig – gereizt – unzufrieden – trotzig

misstrauisch – eifersüchtig – ohnmächtig – unterlegen – ausgeliefert

voller Abneigung – verachtend – neidisch – angeekelt – ablehnend

Bitte schreiben Sie Ihre Beobachtungen auf ein Blatt Papier. Notieren Sie sich die verschiedenen Situationen und schreiben Sie daneben, wie Sie sich gefühlt haben und welche automatischen Gedanken damit verbunden waren.

Ihr Thema: ______________________________

	deutliches oder starkes Gefühl (Stärke 2 oder 3)	**automatische Gedanken**
Situation 1		
Situation 2		
Situation 3		
Situation 4		

Zugang 3 und 4: Der wunde Punkt und das Selbstschutzprogramm

Möglicherweise haben Sie schon an dieser Stelle erkannt, mit welchem wunden Punkt Ihre wiederkehrende Aufregung verbunden ist. Hinweise sind:

- ein mit der Aufregung einhergehendes Gefühl von Empfindlichkeit,
- Ähnlichkeiten zwischen verschiedenen Auslösern (»Es passiert mir immer wieder, dass ich …«),
- wiederkehrende Gefühlszustände (»Oft fühle ich mich …«),
- Parallelen, die sich in Ihren automatischen Gedanken zeigen (»Meine Gedanken kreisen immer wieder um das Thema …«) und
- Parallelen zu früheren Bedürfnisverletzungen (»Schon wieder werde ich ungerecht behandelt« oder »Erneut bin ich nicht willkommen« usw.).

Nehmen wir beispielsweise an, Sie hätten wahrgenommen, dass Sie auf kritische Bemerkungen oder Reaktionen anderer häufig sehr empfindlich reagieren, so

- wäre Ihnen möglicherweise bei den Fragen zu den Grundbedürfnissen ein Mangel an Wertschätzung aufgefallen,
- wäre Ihnen bei Kritik oft der Gedanke durch den Kopf gegangen: »Was habe ich jetzt schon wieder falsch gemacht?«,
- hätten Sie sich immer wieder unterlegen gefühlt und
- hätten sachliche Kritik (unberechtigt) als gegen Ihre Person gerichtet interpretiert.

Ähnliches wie in den Eingangsgeschichten kann jedem passieren. Unsere individuellen Reaktionen jedoch fallen sehr unterschiedlich aus. Sie können sich also die Frage stellen, wie Sie gedacht, gefühlt und gehandelt hätten und was Sie vielleicht gebraucht hätten, um nicht in ein negatives emotionales Fahrwasser zu geraten.

Wenn Sie sich die eine oder andere Geschichte vergegenwärtigen oder sich an ähnliche, selbst erlebte Situationen erinnern, tauchen vielleicht Gefühle auf, die Sie in Erklärungsnot bringen und denen eine tiefere Bedeutung zukommt. Erkunden Sie nun Ihre Selbstschutzprogramme! Dies ist besonders wichtig, denn was Sie tun, um einem unangenehmen Gefühl aus dem Weg zu gehen oder es loszuwerden, ist zwar oft kurzfristig erfolgreich, längerfristig aber meist zu Ihrem Nachteil. Schutzprogramme führen Sie in der Regel nicht zur Erfüllung Ihrer Grundbedürfnisse. Auf Dauer sind sie nicht in der Lage, unser Gleichgewicht zu stabilisieren. Dass wir unangenehme Gefühle zu vermeiden trachten, ist normal, und Maßnahmen zur kurzfristigen Entspannung können oft hilfreich sein. Einmal um den Block zu gehen oder ein warmes Bad zu nehmen, um seine Spannung loszuwerden, oder sich im Kino oder vor dem Fernseher in andere Welten entführen zu lassen, sind nützliche Rituale – wenn wir dabei nicht das Wesentliche aus den Augen verlieren.

Unsere Selbstschutzprogramme lassen sich – wie wir schon gesehen haben – dahingehend unterscheiden, ob wir bei der Berührung eines wunden Punkts mit Flucht bzw. Vermeidung oder mit Angriff reagieren. Den Konflikt zu vermeiden, geht auf Kosten der eigenen Person: Unsere Bedürfnisse kommen nicht zum Ausdruck und nicht selten kritisieren wir uns auch noch selbst – in Abwandlung eines Sprichworts: »Was du nicht willst, das man dir tu … das füge dir doch selber zu.« Oder aber, wenn wir auf Angriff schalten: »… das füge einfach andern zu.«

In beiden Fällen behalten wir in gewisser Weise die Kontrolle über das Geschehen, wir tun etwas, bleiben Handelnde – sind damit aber automatisch Täter und Opfer gleichzeitig. Dabei können sich auch Selbst- und Fremdaggression vermischen: »Wenn du mich so schlecht behandelst, musst du dich nicht wundern, dass ich immer so schlecht drauf bin/zum Alkohol greife/kein Selbstvertrauen mehr habe …«

Anzumerken ist, dass nicht jede dieser Reaktionsweisen für sich in Anspruch nehmen kann, dem Schutz eines Grundbedürfnisses zu dienen. Die Motive können durchaus weniger achtbar sein: etwa seinen Frust an anderen abzureagieren, geringe Bereitschaft, sich in den anderen einzufühlen, seine Interessen durchsetzen oder einfach Macht ausüben zu wollen. Auch möch-

Selbstschutzprogramme

Flucht bzw. Vermeidung

die Schuld übernehmen
es allen recht machen wollen
immer für andere da sein
eigene Wünsche zurückstellen

zu allen immer nett sein
nicht unangenehm auffallen
beschwichtigen
klein beigeben

sich ängstlich zurückziehen
Thema wechseln oder ablenken
so tun, als wäre nichts, oder auf Durchzug stellen
sich in die Opferrolle zurückziehen
über Müdigkeit oder Kopfweh klagen
sich selbst herabsetzen
vor sich hin grummeln
nur eine rationale Betrachtung gelten lassen
so tun, als könne man alles alleine

Angriff

die Schuld zuweisen
auf seinem Recht bestehen
sich nur noch um sich selbst kümmern
eigene Wünsche um jeden Preis durchsetzen
den anderen entwerten
laut werden
Öl ins Feuer gießen
den anderen belehren oder Prinzipien geltend machen
aggressiv die kalte Schulter zeigen
auf seinem Thema bestehen
sofortige Klärung verlangen

den anderen bestrafen oder tätlich werden

den anderen lächerlich machen
laut herumnörgeln
auf die Richtigkeit des eigenen Gefühls pochen
die Hilfe des anderen aggressiv einfordern

te ich hier nochmals daran erinnern, dass selbst der Schutz eines legitimen Grundbedürfnisses keine Verhaltensweisen rechtfertigen kann, die andere oder einen selbst schädigen. Dies würde den Schutzgedanken pervertieren, weil dadurch wesentlich mehr zerstört würde als Schützenswertes bewahrt bliebe.

Was kennen Sie von sich selbst?

Um herauszufinden, welches Selbstschutzprogramm bei Ihnen abläuft, können Sie sich im Folgenden nochmals die Beispielgeschichten vergegenwärtigen. Wählen Sie jene aus, die Ihnen bekannt vorkommen, und überspringen Sie einfach diejenigen, die für Sie nicht relevant sind.

- Wie hätten Sie sich in der entsprechenden Situation gefühlt?
- Was wäre Ihnen durch den Kopf gegangen?
- Wie hätten Sie reagiert?
- Welche festgefahrenen Überzeugungen hätten Sie geleitet?
- Wären wichtige eigene Bedürfnisse in Gefahr gewesen?

In den folgenden Tabellen finden Sie zu den Erlebnissen von Elisabeth, Stefan, Anna, Peter und Sebastian jeweils ganz unterschiedliche Reaktionsmöglichkeiten. Die gedachten und laut geäußerten Antworten können vielfältig sein, die Beispiele dienen also nur der Illustration. Sie machen aber wiederum deutlich, wie die Bewertung einer Situation das Fühlen, Denken und Handeln bestimmt. Die erste Reaktionsvariante zeigt ein mögliches Selbstschutzprogramm bei Berührung eines wunden Punkts. In der zweiten handelt es sich um klare Ich-Botschaften (man spricht aus, was man denkt, fühlt oder wünscht, die Reaktion ist verständlich und nicht emotional durch alte Geschichten aufgeladen). Die dritte nimmt das Ganze mit freundlichem Humor, was immer einen Gewinn an Souveränität bedeutet. In der letzten Spalte können Sie Ihre eigenen Reaktionen eintragen.

Ärger mit den Nachbarn

Probleme im nachbarschaftlichen Nebeneinander aufgrund unterschiedlicher Lebensgewohnheiten, Wertvorstellungen oder mangelnder Rücksichtnahme sind wohl jedem vertraut. Fehlt es hier an Toleranz und Verständnis, läuft man Gefahr, in eine Konflikteskalation zu geraten – auf beiden Seiten greifen Selbstschutzmaßnahmen, die den Streit erst richtig anfachen können. »Es kann der Frömmste nicht im Frieden bleiben, wenn es dem bösen Nachbar nicht gefällt«, schreibt schon Friedrich Schiller im ›Wilhelm Tell‹.

Rat weiß Kurt Tucholsky: »Humor und Weltklugheit helfen einem auch über die Unannehmlichkeiten eines Kleinkriegs mit dem bösen, bösen Nachbarn hinüber.« Die nebenstehende Tabelle gibt drei Reaktionsmöglichkeiten auf eine nächtliche Ruhestörung wieder (Tabelle 1).

Auseinandersetzung im Straßenverkehr

Die Parklücke ist eng, der Nächste wartet bereits auf den Parkplatz, und schon kann es passieren, dass man »nach Gehör« ausparkt. Manch einer mag sich denken: wozu gibt es Stoßstangen, doch die Liebe zum Auto nimmt sehr unterschiedliche Ausmaße an ... (Tabelle 2)

Partnerschaftskonflikt um Ordnung

Ob Socken, Zeitungen, Frühstücksgeschirr, Mülleimer: Häufiger, geradezu klassischer Anlass für Streit in der Partnerschaft ist, wenn einer seine Aufgaben nicht erledigt oder Zuständigkeiten strittig sind. Manchmal ist es ein Problem unterschiedlicher Ordnungsvorstellungen, der eine gilt dann schnell als Chaot, der andere als zwanghaft. Meist aber sind Themen berührt wie Gerechtigkeit, Respekt, Wertschätzung der eigenen Leistung, Unzufriedenheit mit der eigenen Rolle u.a. Kommt Ihnen das irgendwie bekannt vor (Tabelle 3)?

Manchmal ein Stolperstein:
Unterschiedliche Erwartungen beim Nachhausekommen

Wer kennt das nicht: Man kommt abends erschöpft nach Hause, hat den Kopf noch voller Berufsprobleme und verspürt nur noch den Wunsch nach Ruhe. Bloß keine Erwartungen oder Pflichten mehr! Da können harmlose Missverständnisse oder kleinste Ir-

Tabelle 1	**Mögliche automatische Gedanken**	**Mögliche Gefühle**	**Mögliche Reaktionsmuster**	**Mögliche festgefahrene Überzeugungen**	**Betroffene Bedürfnisse**
Wunder Punkt betroffen	»Unverschämt, mich gleich so anzugreifen.«	Heftiger Ärger	Selbstschutzprogramm: »Sie könnten erst mal nachfragen, ob ich es gewesen bin!«	»Man darf sich einfach nichts gefallen lassen!«	Gerechtigkeit und Wertschätzung
Klare, gegenwartsbezogene Ich-Botschaft	»O Gott, was ist denn jetzt passiert?!«	Schreck, Verunsicherung	Äußerung des unmittelbaren Gefühls: »Sie haben mir ja einen Schrecken eingejagt!«	Keine	Keines
Humorvoll und souverän	»Das ist doch eigentlich kein Grund, sich so aufzuregen.«	Vorübergehende Irritation	Freundlich: »Ein wirklich fieses Geräusch, erinnert mich an meinen Zahnarzttermin.«	Keine	Keines
	Was wäre Ihnen durch den Kopf gegangen?	**Wie hätten Sie sich gefühlt?**	**Wie hätten Sie sich verhalten bzw. geantwortet?**	**Gibt es festgefahrene Überzeugungen, die Sie geleitet hätten?**	**Wären bei Ihnen wichtige Bedürfnisse gefährdet gewesen?**

Tabelle 2	**Mögliche automatische Gedanken**	**Mögliche Gefühle**	**Mögliche Reaktionsmuster**	**Mögliche festgefahrene Überzeugungen**	**Betroffene Bedürfnisse**
Wunder Punkt betroffen	»Typisch, dass andere auf mich keine Rücksicht nehmen.«	Resignation, Minderwertigkeitsgefühl	Selbstschutzprogramm: beleidigtes Schweigen	»Ich habe kein Recht, mich zu ärgern.«	Gerechtigkeit, Wertschätzung, Selbstachtung, Schutz
Klare, gegenwartsbezogene Ich-Botschaft	»Sah wohl schlimmer aus, als es ist.«	Anfänglich leichte Besorgnis	Beruhigend: »Ist ja wohl noch einmal gut gegangen.«	Keine	Keines
Humorvoll und souverän	»Erst mal schauen, was passiert ist.«	Gelassenheit	Freundlich: »Den kleinen Schubser hält mein Auto locker aus.«	Keine	Keines
	Was wäre Ihnen durch den Kopf gegangen?	**Wie hätten Sie sich gefühlt?**	**Wie hätten Sie sich verhalten bzw. geantwortet?**	**Gibt es festgefahrene Überzeugungen, die Sie geleitet hätten?**	**Wären bei Ihnen wichtige Bedürfnisse gefährdet gewesen?**

Tabelle 3	**Mögliche automatische Gedanken**	**Mögliche Gefühle**	**Mögliche Reaktionsmuster**	**Mögliche festgefahrene Überzeugungen**	**Betroffene Bedürfnisse**
Wunder Punkt betroffen	»Immer bleibt alles an mir hängen!«	Wut	Selbstschutzprogramm: »Du hältst dich an keinerlei Absprachen!«	»Ich darf mir nichts gefallen lassen!«	Abgrenzung, Selbstbestimmung, Gerechtigkeit
Klare, gegenwartsbezogene Ich-Botschaft	»Er nimmt mein Bedürfnis nach Ordnung einfach nicht ernst!«	Ärger	Nachdrückliche Bitte: »Du hast vergessen, deine Socken aufzuräumen. Bitte respektiere mein Bedürfnis nach einem ordentlichen Haushalt.«	Keine	Ordnungsbedürfnis, Wertschätzung
Humorvoll und souverän	»So ein Schlamper, seine Unordentlichkeit stört mich!«	Leichter Ärger	Freundlich: »Das nächste Mal pack ich deine Socken in deine Aktentasche.«	Keine	Ordnungsbedürfnis
	Was wäre Ihnen durch den Kopf gegangen?	**Wie hätten Sie sich gefühlt?**	**Wie hätten Sie sich verhalten bzw. geantwortet?**	**Gibt es festgefahrene Überzeugungen, die Sie geleitet hätten?**	**Wären bei Ihnen wichtige Bedürfnisse gefährdet gewesen?**

Tabelle 4	**Mögliche automatische Gedanken**	**Mögliche Gefühle**	**Mögliche Reaktionsmuster**	**Mögliche festgefahrene Überzeugungen**	**Betroffene Bedürfnisse**
Wunder Punkt betroffen	»Kann sie mich nicht erst mal in Ruhe lassen!«	Ärger, Überforderung	Selbstschutzprogramm: Rückzug, verschwindet wortlos in seinem Zimmer	»Keiner nimmt auf mich Rücksicht.«	Verständnis, Wertschätzung
Klare, gegenwartsbezogene Ich-Botschaft	»Sie weiß ja im Grunde, dass ich es heute Morgen eilig hatte, aber ich sollte auch mal darauf Rücksicht nehmen, dass es sie wirklich stört.«	Keine	Versöhnlich, mit Bedürfnisäußerung: »Tut mir leid. Ich räume die Socken gleich weg, lass mich erst mal zur Ruhe kommen.«	Keine	Ruhe
Humorvoll und souverän	»Blöd von mir, schon wieder habe ich meine Socken liegen lassen.«	Anflug von schlechtem Gewissen	Freundlich: »Da hast du wirklich einen Schlamper geheiratet. Hoffentlich wenigstens einen symphatischen!«	Keine	Harmonie
	Was wäre Ihnen durch den Kopf gegangen?	**Wie hätten Sie sich gefühlt?**	**Wie hätten Sie sich verhalten bzw. geantwortet?**	**Gibt es festgefahrene Überzeugungen, die Sie geleitet hätten?**	**Wären bei Ihnen wichtige Bedürfnisse gefährdet gewesen?**

Tabelle 5	**Mögliche automatische Gedanken**	**Mögliche Gefühle**	**Mögliche Reaktionsmuster**	**Mögliche festgefahrene Überzeugungen**	**Betroffene Bedürfnisse**
Wunder Punkt betroffen	»Typisch, die kümmern sich immer nur um sich selbst!«	Heftiger Ärger	Selbstschutzprogramm: »Man hätte sich ja wirklich besser absprechen können!«	»Nie tut jemand etwas für mich, alle anderen sind Egoisten!«	Wertschätzung und Gerechtigkeit
Klare, gegenwartsbezogene Ich-Botschaft	»Warum so kurz angebunden?«	Leichte Besorgnis	Bitte um Klärung: »Ich empfinde deine Antwort ein bisschen unfreundlich. Ist etwas nicht in Ordnung?«	Keine	Wertschätzung
Humorvoll und souverän	»Wir hätten uns vielleicht besser absprechen sollen.«	Leichter Ärger	Freundlich: »Tja, dann müssen wir unseren Kalbsbraten wohl alleine essen.«	Keine	Harmonie
	Was wäre Ihnen durch den Kopf gegangen?	**Wie hätten Sie sich gefühlt?**	**Wie hätten Sie sich verhalten bzw. geantwortet?**	**Gibt es festgefahrene Überzeugungen, die Sie geleitet hätten?**	**Wären bei Ihnen wichtige Bedürfnisse gefährdet gewesen?**

ritationen – z.B. eine kritische Bemerkung des Partners – genügen, um den Rest an Beherrschung zu verlieren (Tabelle 4).

Konflikt mit Freunden
Wie leicht kann es passieren, dass wir gewissermaßen zwischen den Zeilen einer Äußerung etwas zu vernehmen glauben, das vielleicht gar nicht so gemeint war. Bevor wir uns fragen, wie beispielsweise die knappe Antwort des Urlaubfreundes zustande gekommen sein könnte (vielleicht hatte er die hohen Telefonkosten im Ausland im Sinn), ereilt uns schon ein unangenehmes Gefühl und wir legen uns eine Erklärung zurecht. Und was wir da so hineindeuten, gefällt uns gar nicht. Könnte dies auch bei Ihnen in einer ähnlichen Situation der Fall sein (Tabelle 5)?

Es lohnt sich in aller Regel, die Aufregungen zu hinterfragen. Nicht wenige Menschen versuchen ständig, sich zu schützen, und haben dabei längst aus den Augen verloren, was für sie im Leben wirklich wichtig ist. Denken wir einmal an manche sogenannte »schwierige Menschen«: Der Umgang mit ihnen ist deshalb so kompliziert, weil sie sich auf eine Weise zu schützen suchen, die den anderen in eine emotionale Klemme bringt. Aufgrund ihrer Bedürftigkeit oder Verletzlichkeit stehen sie unter einer hohen Anspannung und handeln überwiegend nach inneren Programmen zum Selbstschutz, die den aktuellen Erfordernissen nicht gerecht werden. Sie machen es ihren Mitmenschen dabei schwer, sich abzugrenzen, da ihr Verhalten Druck erzeugt, ihren Wünschen zu entsprechen. Diese Wünsche werden jedoch nicht offen kommuniziert. Menschen, die so agieren, sind mit dieser Strategie bestenfalls kurzfristig erfolgreich, bekommen aber langfristig genau das nicht, wonach sie sich so sehr sehnen. Der Marburger Psychotherapeut Rainer Sachse spricht von »dysfunktionalen Interaktionsstilen« (also solchen, die nicht zu einem wirklich gewünschten Ergebnis führen). Sie engen den Interaktionspartner in seiner Freiheit, eigene Bedürfnisse zu äußern, stark ein. In einer Frauenzeitschrift wurde das Thema unter dem diskussionswürdigen Titel: »Die fiesen Methoden der Gefühlsmafia« aufgegriffen. Es ging darum, wie man sich gegen einen »emotionalen Erpresser« abgrenzen kann, der einem ein schlechtes Gewissen macht, wenn man sich nicht so verhält, wie er sich dies wünscht. Durch eine solche Diskreditierung des anderen ist freilich wenig gewonnen; will man miteinander auskommen, muss man versuchen, über die wichtigsten beiderseitigen Bedürfnisse ins Gespräch zu kommen. Die »emotionale Erpressung«, also der Versuch, andere zur Erfüllung der eigenen Bedürfnisse zu zwingen, ist ja nichts anderes als ein wenig hilfreiches Selbstschutzprogramm.

Was haben Sie in Erfahrung gebracht über Ihren wunden Punkt und Ihr Selbstschutzprogramm? Fassen Sie es kurz für sich zusammen.

Zugang 5: Das Selbst- und Fremdbild

Jeder Mensch hat mehr oder weniger bewusst eine Vorstellung von sich selbst und passend dazu ein Bild von anderen. Diese Vorstellung kann ihm gefallen oder nicht, er kann denken: »Ich bin ganz o.k.«, »Ich sollte eigentlich anders sein« oder »Ich wünschte mir, ich wäre anders.« Ist- und Sollzustand können mehr oder weniger weit auseinanderklaffen und sich je nach Stimmungslage verändern. Selbst- und Fremdbild sind also wandelbar und höchst subjektiv. Auch wenn wir manchmal gerne ins Feld führen: »Ich bin halt ordentlich/genau/faul/empfindlich/streng ...« oder etwa: »Menschen sind eben egoistisch/unehrlich/grausam/zu Höherem berufen/besser dran als ich ...«, handelt es sich nicht um eine »Wahrheit«, sondern bloß um eine Annahme, die in ihrer allgemeinen Form nicht zu beweisen ist.

Das hat auch sein Gutes: Annahmen können verändert werden, wenn sie uns das Leben (unnötig) schwer machen. Bei den sieben Elefanten unserer Protagonisten ist dies offenkundig. Wie aber kommt jemand dazu, so negativ über sich zu denken, obschon es ihm offensichtlich nicht guttut?

Selbst- und Fremdbilder entstehen aus unseren Erfahrungen, positiven wie negativen. Diese sind umso einprägsamer, je früher sie auf uns einwirken und je weniger wir uns bewusst und kritisch mit ihnen auseinandersetzen konnten. Ein Kind, dem selten jemand zuhört, wird implizit die Überzeugung entwickeln, es sei nicht wichtig; ein anderes, das immer im Mittelpunkt steht, wird glauben, es sei etwas ganz Besonderes. Eltern, die sich einen Sohn gewünscht haben und ein Mädchen bekamen, werden diese Enttäuschung vielleicht nicht von ihrem Kind fernhalten können und ihm das Gefühl geben, es sei so nicht erwünscht.

Ein Mensch dagegen, dessen wichtigste Grundbedürfnisse auf seinem Lebensweg erfüllt wurden (siehe S. 38ff.), wird ein angemessenes und positives Bild von sich selbst und seiner Mitwelt entwickeln können und damit für die Herausforderungen und Belastungen des Lebens gut gerüstet sein. Ein anderer, dessen elementare Bedürfnisse wiederholt unbefriedigt blieben, wird dazu neigen, die Gegenwart im Lichte früherer negativer Erfahrungen zu sehen. Das Selbst- und Fremdbild ist daher – und aus diesem Grund ist es in unserem Zusammenhang so wichtig – ein Spiegel der Befriedigung von Grundbedürfnissen. Mehr noch: Waren die Bedürfnisverletzungen tief greifend und wiederkehrend, kann sich ein Mensch unbewusst sein Leben so einrichten, dass er immer wieder die gleichen negativen, dabei immerhin vertrauten Erfahrungen macht. Er wählt sich z.B. einen Partner, der ähnlich wie eine frühere Bezugsperson wichtige Bedürfnisse nicht befriedigt. Der Kampf ums seelische Überleben wird dann zu einem Teufelskreis sich wiederholender Enttäuschungen.

Bei der nun folgenden Betrachtung können Sie sich auf zwei Fragen beschränken:

1. Welches Bild haben Sie von sich selbst und Ihren Mitmenschen in der kritischen Situation?
2. Wie sehen Sie sich und Ihre Mitmenschen, wenn Sie sich stark und kompetent, im Vollbesitz Ihrer Fähigkeiten als erwachsener Mensch fühlen?

Mit Frage 1 haben Sie sich schon ausführlich beschäftigt. Es dürfte Ihnen daher nicht schwerfallen, sich selbst in »Mücke-Elefant-Situationen« einzuschätzen. Sie finden nun einige sogenannte Polaritätenprofile, in denen gegensätzliche Eigenschaften die Endpunkte (oder Pole) markieren. Kreuzen Sie an, auf welchem Punkt der Skala Sie sich einordnen, in welcher Ausprägung also Sie sich eine bestimmte Eigenschaft in der jeweiligen Situation zuschreiben. Ebenso können Sie bei der Einschätzung Ihrer Mitmenschen verfahren. Falls Ihnen weitere Eigenschaften für Ihr Selbst- und Fremdbild wichtig sein sollten, können Sie diese jeweils am Ende der Tabelle ergänzen.

Polaritätenprofile

	1	2	3	4	5	6	7	
risikofreudig								ängstlich

1 bedeutet, dass Sie sich als sehr risikofreudig einschätzen,
2 ziemlich risikofreudig,
3 eher risikofreudig,
4 weder besonders ängstlich noch besonders risikofreudig,
5 eher ängstlich,
6 ziemlich ängstlich und
7 sehr ängstlich.

Ihr Selbstbild in der kritischen Situation

	1	2	3	4	5	6	7	
willkommen								nicht willkommen
selbstbewusst								unsicher
kompetent								unzulänglich
erwachsen								kindlich
verstanden								unverstanden
wertvoll								wertlos
geliebt								ungeliebt
gebraucht								überflüssig
selbstbestimmt								fremdbestimmt
geachtet								missachtet
sich behauptend								sich unterordnend
unabhängig								abhängig
geschützt								ungeschützt
flexibel								unflexibel

	1	2	3	4	5	6	7	
optimistisch								pessimistisch
stark								schwach
gleichberechtigt								benachteiligt
erwünscht								unerwünscht
konfliktfähig								konfliktscheu
offen								verschlossen
Ihre Ergänzungen								

Ihr Bild von anderen in der kritischen Situation

	1	2	3	4	5	6	7	
rücksichtsvoll								rücksichtslos
gerecht								ungerecht
hilfsbereit								egoistisch
freundlich								unfreundlich
wertschätzend								geringschätzend
einfühlsam								unsensibel
ausgeglichen								launisch
liebevoll								lieblos
gewährend								fordernd
ansprechbar								nicht ansprechbar
offen								verschlossen
erreichbar								abwesend
höflich								unhöflich
dominant								unterwürfig
verständnisvoll								verständnislos
wohlwollend								verletzend
tolerant								intolerant
moralisch								unmoralisch
Freiheit gewährend								kontrollierend

	1	2	3	4	5	6	7	
konstruktiv								destruktiv
Ihre Ergänzungen								

Die nächsten beiden Polaritätenprofile beschäftigen sich mit Ihrem Selbst- und Fremdbild, wenn Sie sich im Vollbesitz Ihrer Kräfte und Fähigkeiten fühlen. Hierzu möchte ich Ihnen eine kleine Vorübung anbieten, falls es Ihnen nicht ohne weiteres möglich sein sollte, sich selbstbewusst zu fühlen. Hilfreich ist, wenn Sie sich möglichst viele Ihrer Stärken vergegenwärtigen, egal ob diese Ihnen immer zur Verfügung stehen oder nicht. Wenn Sie sich Ihre positiven Seiten bewusst machen, ändert sich naturgemäß Ihr Selbstbild. Sie erfahren dabei unmittelbar, dass es sich bei Ihren Vorstellungen von sich selbst und anderen tatsächlich nur um veränderbare Annahmen handelt, auch wenn Ihnen Ihr Gefühl manchmal einreden mag, Sie seien eben so und nicht anders. Versuchen Sie einmal, sich an Szenen zu erinnern, in denen Sie sich selbstsicher gefühlt haben, in denen Sie stolz auf sich waren oder Sie sich selbst ob einer gemeisterten Anforderung auf die Schulter hätten klopfen können. Sie können auch nahestehende Personen, die Ihnen wohlwollen, fragen, was diese an Ihnen schätzen oder welche positiven Fähigkeiten sie bei Ihnen wahrnehmen.

Ihr Selbstbild unter günstigen Voraussetzungen

	1	2	3	4	5	6	7	
willkommen								nicht willkommen
selbstbewusst								unsicher
kompetent								unzulänglich
erwachsen								kindlich
verstanden								unverstanden

	1	2	3	4	5	6	7	
wertvoll								wertlos
geliebt								ungeliebt
gebraucht								überflüssig
selbstbestimmt								fremdbestimmt
geachtet								missachtet
sich behauptend								sich unterordnend
unabhängig								abhängig
geschützt								ungeschützt
flexibel								unflexibel
optimistisch								pessimistisch
stark								schwach
gleichberechtigt								benachteiligt
erwünscht								unerwünscht
konfliktfähig								konfliktscheu
offen								verschlossen
Ihre Ergänzungen								

Ihr Bild von anderen bei eigenem positiven Selbstbild

	1	2	3	4	5	6	7	
rücksichtsvoll								rücksichtslos
gerecht								ungerecht
hilfsbereit								egoistisch
freundlich								unfreundlich
wertschätzend								geringschätzend
einfühlsam								unsensibel
ausgeglichen								launisch
liebevoll								lieblos
gewährend								fordernd
ansprechbar								nicht ansprechbar

	1	2	3	4	5	6	7	
offen								verschlossen
erreichbar								abwesend
höflich								unhöflich
dominant								unterwürfig
verständnisvoll								verständnislos
wohlwollend								verletzend
tolerant								intolerant
moralisch								unmoralisch
Freiheit gewährend								kontrollierend
konstruktiv								destruktiv
Ihre Ergänzungen								

Vergleichen Sie nun die Profile aus Selbst- und Fremdbild im Hinblick darauf, ob Sie gerade an einem wunden Punkt berührt wurden bzw. ob Sie sich im Vollbesitz Ihrer Kräfte fühlen. Sie werden vermutlich feststellen, dass Ihr Selbst- und Fremdbild je nach situativen Bedingungen anders ausfällt. Dies ist natürlich ganz normal, zeigt aber, wie eingeengt und nachteilig Ihre Sicht auf sich und andere werden kann, wenn elementare Bedürfnisse verletzt sind.

Notieren Sie sich nun diejenigen Eigenschaften, die bei Berührung eines wunden Punkts in Ihrem Profil besonders herausragen (Werte 1 oder 2 bzw. 6 oder 7).

Zugang 6: Blick in die Lebensgeschichte

Mit den Fragen zur Erfüllung und Wichtigkeit Ihrer Grundbedürfnisse in der Kindheit und Jugend sind aus Ihrem Gedächtnis möglicherweise schon Szenen oder wiederkehrende Sätze Ihrer Eltern oder anderer Personen aufgestiegen, die Sie als belastend oder einengend erlebt haben. Es handelt sich dabei um unangenehme Erfahrungen, die Ihren berechtigten Bedürfnissen zuwiderliefen. Viele Menschen können sich aber nicht mehr erinnern, welche Gefühle sie in den früheren kritischen Situationen gehabt haben. Denken wir etwa an Sebastian: Als sein jüngerer Bruder zur Welt kam – Sebastian war gerade drei Jahre alt –, wurde er vom Thron gestürzt. Wie mag er sich damals dabei gefühlt haben? Zwar hatte er dazu auch in der Therapie keinen Zugang mehr, aber Fotos aus dieser Zeit zeigen einen traurigen Blick. Außerdem hatten die Eltern ihm auf Nachfrage erzählt, dass er manchmal seinen kleinen Bruder gepiesackt hatte und deswegen geschimpft oder weggeschickt worden war. Zwei Gefühle, nämlich Traurigkeit und Wut, waren unerwünscht und wurden mit dem Hinweis, als Älterer sei er doch schon vernünftig, als unangemessen abgetan. Über seine Gefühle sprachen seine Eltern nicht mit ihm, für seine Wut bestraften sie ihn. Durchaus möglich, dass er damals auch Ärger gegen seine Eltern empfand, den er freilich erst recht verbergen musste. Was zurückblieb, waren ein schlechtes Gewissen und die Angst, nicht mehr in gewohnter Weise dazuzugehören.

Das Verdrängen ursprünglicher und in der ehemaligen Situation angemessener Gefühle gehört zu den frühesten Selbstschutzmaßnahmen. Es ist für unsere Belange sehr wichtig, diesen Vorgang der Unterdrückung von Gefühlen (aus Angst oder Scham) zu verstehen, da sie uns auf diesem Wege gewissermaßen abhandengekommen sind.

Was bedeutet das für Ihre Spurensuche?

Unser Ziel ist es, eine Antwort auf die Frage zu finden, was brauchen wir wirklich in einer Situation, in der wir uns durch vermeintliche Kleinigkeiten aus dem Gleichgewicht bringen lassen? Was wir unmittelbar fühlen und was uns durch den Kopf geht, sowie die Kenntnis unseres wunden Punkts geben, wie wir gesehen haben, Hinweise auf das betroffene Grundbedürfnis. Ein anderer und viel direkterer Zugang öffnet sich durch die Erinnerung an die ursprüngliche negative Erfahrung in der Kindheit oder Jugend. Solche Erinnerungen in sich wachzurufen, fällt nach vielen Jahren gewiss nicht leicht und ist naturgemäß auch unangenehm, ja häufig schmerzhaft, weil das, was man in der damaligen Situation so dringend gebraucht hätte, einem versagt blieb.

Generell fällt es Menschen unterschiedlich schwer, Gefühle zuzulassen und differenziert zu benennen. Manche sind es überhaupt nicht gewohnt, auf Gefühle zu achten, finden sie vielleicht sogar prinzipiell als störend, andere wiederum reagieren häufig sehr emotional. Über Gefühle zu sprechen ist in vielen Familien nicht üblich, entsprechend konnten solche Fähigkeiten nicht erworben werden.

Sie können, wenn Sie sich darauf einlassen wollen, auf Ihrem lebensgeschichtlichen Lehrpfad an Orte zurückkehren, an denen Ihre Eltern immer wieder strenge Hinweisschilder installierten. Das heißt, Sie mussten sich möglicherweise immer wieder bestimmte Sätze anhören oder Gesten der Missbilligung ertragen, die Ihnen als Kind keine Wahl ließen, als klein beizugeben oder sich durch Ihr Aufbegehren erst recht ins Unrecht zu setzen. Gefühle von Angst, Scham, Hilflosigkeit, Ungerechtigkeit, Wut oder Einsamkeit waren eine verständliche Folge.

Nehmen Sie also Ihre Bedürfnistabelle zur Vergangenheit (Mittelwerte) zur Hand und prüfen Sie, welches wichtige, in der Vergangenheit frustrierte Bedürfnis am ehesten zu dem von Ihnen ausgewählten Thema passen würde. Die folgenden Fragen können Ihnen helfen, das mit dem ursprünglichen Gefühlserleben verbundene Grundbedürfnis noch genauer zu spezifizieren. Je nachdem, welcher wunde Punkt heute bei wiederkehrenden Kleinigkeiten auftaucht, können Sie sich beispielsweise fragen, ob es Situationen gab, in denen

- Sie sich nicht ernst genommen fühlten,
- Sie Angst hatten, verlassen zu werden,
- Sie sich ungerecht behandelt fühlten,
- Sie Verständnis vermisst haben,
- sich andere über Sie lustig machten,
- Sie Unterstützung und Rückhalt durch Ihre Eltern gebraucht hätten,
- Sie sich allzu streng bestraft fühlten,
- Sie so gerne einmal etwas ausprobiert hätten, wenn es Ihnen Ihre Eltern nicht strikt verboten hätten,

- Ihre Eltern Ihren Willen nicht respektiert haben oder
- sich Ihre Eltern doch lieber hätten heraushalten sollen?

Diese Fragen sind nur eine Anregung für Ihre persönliche Rückblende, individuelle Erfahrungen sind zu vielfältig, als dass alle hier angesprochen werden könnten.

Sollte Ihnen ein Erlebnis zu schmerzhaft erscheinen, quälen Sie sich nicht und forcieren Sie nichts. Wählen Sie lieber eine harmlosere Situation, die Sie nicht überfordert. In jedem Fall genügt es, wenn Sie Ihr Gefühl klar zuordnen können, es ist dabei nicht notwendig und auch nicht sinnvoll, alte Verletzungen intensiv wiederzuerleben, das ist weder heilsam noch zuträglich. Es würde zudem die Möglichkeiten eines Selbsthilfebuchs übersteigen, tiefe seelische Wunden (etwa aufgrund körperlicher oder psychischer Misshandlungen) zu bearbeiten. Interessant ist, ob das ursprüngliche Gefühl, das Sie in der kritischen Situation in der Kindheit hatten, noch dasselbe ist, das Sie heute beim Auftauchen der Mücke empfinden. Ist dies der Fall, ist der Zusammenhang für Sie unmittelbar erfahrbar. Versuchen Sie, dieses Gefühl zu akzeptieren, indem Sie sich klarmachen, dass es damals absolut berechtigt war! Es gibt keinen Grund, sich in der Gegenwart für ein Gefühl zu schämen, das in einer früheren Notsituation vorhanden war. Es ist gut, diese alten Gefühle zu kennen, weil es hilft, sie richtig zuzuordnen. Sie können sich dabei bewusst machen, dass Sie heute angesichts Ihrer Möglichkeiten als Erwachsener nicht mehr das ehemals hilflose Kind sind.

Doch auch wenn bei der Rückschau kein klares Gefühl mehr auftauchen sollte, können Sie sich vergegenwärtigen, was Ihnen in der vergangenen frustrierenden Situation richtig gutgetan hätte.

Geben Sie nun diesem Bedürfnis einen Namen. Ist es genau das Bedürfnis, das Sie anhand der Liste der Grundbedürfnisse vermutet haben, oder können Sie es jetzt noch präzisieren oder ergänzen? Sie müssen sich dabei nicht an die vorgegebene Liste halten. Treffen Sie Ihre eigene Wortwahl! Vielleicht entdecken Sie mehrere Bedürfnisse, die möglicherweise schwer vereinbar waren. Ein Hinweis können widerstreitende Gefühle sein wie z.B. Ärger über ungerechte Behandlung und gleichzeitig Angst vor Verlust der Geborgenheit. Wie haben Sie damals reagiert und was hätten Sie als Kind wirklich gebraucht?

Notieren Sie sich auch dieses Bedürfnis bzw. diese Bedürfnisse.

***

Ihr Bild von Ihrem persönlichen Elefanten ist nun komplett, die seelische Not erkannt. Es gilt jetzt, dieser etwas Konstruktives entgegenzusetzen. Die Überlegungen und Übungen des folgenden Kapitels helfen Ihnen Schritt für Schritt dabei, Ihr inneres Gleichgewicht wiederzufinden. Es geht darum,

- alte Verletzungen zu mildern,
- überkommene Selbstschutzprogramme durch adäquate Bewältigungsmuster zu ersetzen und
- Ihr eingeengtes Bild von sich selbst und anderen Menschen in Übereinstimmung mit Ihren heutigen Fähigkeiten zu korrigieren.

Auch können Sie Möglichkeiten erkunden, Ihren Grundbedürfnissen mehr Beachtung zu schenken und dadurch Ihre Bedürfnisbilanz zu verbessern. Schließlich gilt: Je größer die Lebenszufriedenheit, desto weniger ist man anfällig für psychischen Stress.

Ich gehe eine Straße entlang. Da ist ein tiefes Loch. Ich falle hinein. Ich bin verloren… Ich bin ohne Hoffnung. Es ist nicht meine Schuld. Es dauert endlos, wieder hinauszukommen.
Ich gehe dieselbe Straße entlang. Da ist ein tiefes Loch. Ich falle wieder hinein. Ich kann nicht glauben, schon wieder am gleichen Ort zu sein. Aber es ist nicht meine Schuld. Immer noch dauert es sehr lange herauszukommen.
Ich gehe dieselbe Straße entlang. Da ist ein tiefes Loch. Ich falle schon wieder hinein ... aus Gewohnheit. Meine Augen sind offen. Ich weiß, wo ich bin. Es ist meine Schuld. Ich komme auch sofort wieder heraus.
Ich gehe dieselbe Straße entlang. Da ist ein tiefes Loch. Ich gehe darum herum.
Ich gehe eine andere Straße.

Sogyal Rinpoche

Kapitel 5

Wege, wie Sie Ihr inneres Gleichgewicht wiederfinden

Wenn sie uns nicht belasten würde, könnte sie uns leidtun: die Spezies unserer verborgenen Elefanten. Sie scheinen nur unvorteilhafte Eigenschaften zu haben, bei ihrer Beschreibung tauchen ja erst einmal nur negative Begriffe auf, wie z.B.

- eingeengt (unser Selbst- und Fremdbild)
- verletzt (unsere Grundbedürfnisse)
- festgefahren (unsere Selbstschutzprogramme)
- wund (unsere Seele an bestimmten Punkten).

Was soll aber aus den Elefanten werden, wenn wir sie erkannt haben?

Zunächst ist ein sichtbarer Elefant nicht mehr derselbe wie ein verborgener. Wir haben ihm in den vorausgegangenen Kapiteln unsere Aufmerksamkeit geschenkt und ihn von verschiedenen Seiten beleuchtet. Er ist jetzt nicht mehr – wie auf dem Buchumschlag – der merkwürdige Schatten einer Mücke, nicht mehr ein diffuses Gebilde, sondern hat eine klare Gestalt. Durch die

Anleitungen zur Selbstbeobachtung und die Fragebögen konnten Sie Zugang finden zu den verschiedenen Bestandteilen des Elefanten, die in ihrer Gesamtheit unsere Aufregung aus banalem Anlass erklären.

Begreifen wir doch einfach den sichtbaren Elefanten als ein kluges und starkes Tier, das Gefahren erkennt und sich angemessen zu schützen weiß!

Verborgen unter der Oberfläche Ihres Bewusstseins, hat er ein schwer kontrollierbares Eigenleben geführt; wann immer Sie in alte seelische Notsituationen gekommen sind, hat er überkommene Selbstschutzprogramme aktiviert, die den gegenwärtigen Möglichkeiten nicht mehr gerecht wurden. Ein für Sie klar sichtbarer Elefant kann Ihnen dagegen in einer kritischen Situation aufzeigen, was Sie wirklich brauchen. Wenn Sie ihn aus verständlichen Gründen bisher immer zu vertreiben suchten, heißen Sie ihn ab jetzt in seiner neuen Gestalt willkommen: ein nützlicher Riese von riesigem Nutzen! Er verdient es, nach den in ihm bislang verborgenen Grundbedürfnissen benannt zu werden; das wird Ihnen helfen, ihm im Alltag die gebührende Aufmerksamkeit zu schenken. Je mehr Sie durch angemessenes Handeln Ihren Grundbedürfnissen Geltung verschaffen, umso mehr werden Sie feststellen, dass erfüllte Grundbedürfnisse wesentlich zu Ihrer Stärkung beitragen, ja dass daraus Ressourcen erwachsen, die Sie wiederum in kritischen Situationen gut gebrauchen können – Sie erleben eine Spirale zum Positiven.

Jeder Veränderungsschritt beginnt notwendigerweise mit einer Zielbestimmung. Das ist nicht immer einfach. Ein viel gelesenes Selbsthilfebuch der amerikanischen Autorin Barbara Sher trägt den Untertitel »... wenn ich nur wüsste, was ich will!«. Dieses große Interesse an einer sinnvollen Zielfindung zeigt, dass viele Menschen offenbar nicht gelernt haben, ihren eigenen Bedürfnissen ausreichend Beachtung zu schenken.

Sie selbst sind aber inzwischen schon ein gutes Stück vorangekommen: Zumindest

- haben Sie das Ziel größerer Selbstachtung im Blick, nämlich den achtsamen Umgang mit den wunden Punkten,

- konnten Sie erkennen, welche Grundbedürfnisse Ihnen wichtig erscheinen und inwieweit sie erfüllt sind, und
- konnten Sie aus Ihren Energiekreisen ablesen, was Ihr Wohlbefinden steigern könnte, wenn Sie Ihre Energieverteilung verändern.

Die letzten beiden Punkte schaffen ein gutes Fundament für Ihr inneres Gleichgewicht, auch mit dem Resultat, dass Sie sich zukünftig weniger über Kleinigkeiten aufregen müssen. Wir werden uns damit am Schluss dieses Kapitels beschäftigen.

Beginnen möchte ich mit Ihrem sichtbar gewordenen Elefanten mit seinen sechs Zugängen. Für die Probleme, die Ihnen in diesen Bereichen begegnet sein könnten, werde ich Lösungen aufzeigen:

Aus Zugängen werden Zielvorstellungen

Zugänge zu Ihrem Elefanten:	Zielvorstellungen:
Zugänge 1 und 2: Mücke und Aufregung	Größere Gelassenheit im Umgang mit Mücken
Zugang 3 und 4: Ihr wunder Punkt und Ihr Programm zum Selbstschutz	Die Achtung Ihres verletzten Grundbedürfnisses: angemessene Problemlösungen statt alter Selbstschutzprogramme
Zugang 5: Ihr Selbst- und Fremdbild	Ein positives Selbstbild und ein realistisches Bild von anderen
Zugang 6: Frühere Verletzung von Grundbedürfnissen	Ein wohlwollender Blick zurück ohne Zorn

Damit werden auch die Mücken in ein anderes Licht gerückt: Sie werfen keinen bedrohlichen Schatten mehr, sondern schrumpfen zu dem, was sie sind: zu kleinen, harmlosen Plagegeistern.

Beim Lesen dieses Buches haben Sie innegehalten und die Position eines Betrachters eingenommen, Gedanken und Erinnerungen reflektiert, Gefühle wahrgenommen oder sich einfach nur bewusst gemacht, dass es Grundbedürfnisse gibt und dass diese berechtigt sind. Beim Betrachten tritt man ja automatisch einen Schritt zur Seite, gewinnt Abstand. Ihre Perspektive und Ihr Handlungsspielraum haben sich schon allein dadurch ein Stück erweitert. Je intensiver Sie sich mit den Frage- und Auswertungsbögen auseinandergesetzt haben, umso größer sind die Chancen, aus diesem Kapitel Nutzen zu ziehen.

Den Stachel nicht mehr fürchten: Größere Gelassenheit im Umgang mit Mücken

»Aua … Herrgott noch mal, kannst du nicht aufpassen!« Einen solchen Aufschrei würde jeder verstehen und sich beim anderen wahrscheinlich auch gleich entschuldigen, wenn er versehentlich eine noch nicht verheilte Wunde berührt hätte. Bei seelischen Wunden oder Narben schreien wir aber in der Regel nicht auf, sondern versuchen unsere Verletzbarkeit zu verbergen und uns auf mannigfaltige Weise instinktiv zu schützen. Wie wir an vielen Beispielen gesehen haben, führt das stets in eine Sackgasse. Vielleicht kommt Ihnen selbst ein gängiges und probates Hausmittel in den Sinn, nämlich bei plötzlicher Aufregung erst mal tief durchzuatmen und langsam innerlich bis zehn zu zählen. Dies weist schon in die richtige Richtung: Den Körper zu entspannen und durch Zählen einen zeitlichen Abstand zu gewinnen, ist ein kleiner Schritt zum inneren Gleichgewicht. Als Leser dieses Buches könnten Sie sich auch vornehmen, langsam bis sieben zu zählen und dabei an die Elefanten zu denken, die möglicherweise im Anmarsch sind ...

Vielleicht haben Sie Lust, mit folgender Übung etwas für Ihr Wohlbefinden zu tun.

Stärkung positiver Gefühle

Schenken Sie in den nächsten beiden Wochen Ihre bewusste Aufmerksamkeit allen positiven Alltagserfahrungen. Das können kleine Erfolgserlebnisse sein, Momente der Entspannung, ein besonderes körperliches Wohlbefinden, eine Freude an sinnlichem Erleben, eine angenehme Überraschung, ein kleines Geschenk, das Sie jemandem machen, oder eines, das Sie bekommen, ein Lob oder was auch immer mit einem spürbaren Wohlbefinden einhergeht. Verknüpfen Sie diese positiven Erfahrungen mit einem Signal, entweder

- einem kurzen, innerlich gesprochenen Satz (etwa: »Das tut mir gut«) oder summen Sie das Lied »Don't worry, be happy« oder
- einer kleinen Bewegung (z.B. reiben Sie sich die Hände) oder
- einem sinnlichen Reiz. Sehr bewährt haben sich Düfte, etwa ein Parfum, das Sie mögen und stets dabeihaben (als Flakon oder auf ein Taschentuch geträufelt). Düfte können beruhigend wirken. Halten Sie sich einfach diesen Duft, wenn Sie sich gerade wohlfühlen, unter die Nase und atmen Sie ihn tief ein. Der Duft (oder auch der innere Satz oder die Bewegung Ihrer Hände) wird sich dann mit dem positiven Erleben verbinden und zu einem Erinnerungssignal für schöne Augenblicke werden. Diesen Effekt konnte ich experimentell nachweisen. Sich mit Düften an schöne Erlebnisse zu erinnern, ist ein probates Mittel gegen Mückenstiche, wie wir gleich noch sehen werden.

Sieben Empfehlungen in der akuten kritischen Situation

Was sollten Sie beachten, wenn ein wunder Punkt berührt wird? Die Psychotherapeutin Bärbel Wardetzki hat in ihrem Buch ›Mich kränkt so schnell keiner!‹ eine Art Erste-Hilfe-Koffer für solche Situationen zusammengestellt, dessen Instrumentarium unter anderem in die folgenden sieben allgemeinen Empfehlungen eingegangen ist. Im Anschluss daran werden Sie noch spezifischere Lösungsansätze kennenlernen, die sich auf die einzelnen Aspekte Ihres Elefanten beziehen.

1. Sie nehmen bewusst wahr, was in Ihnen vor sich geht, und fassen Ihr Gefühl in Worte. Beispielsweise sagen Sie zu sich selbst: »Ja, das kränkt oder verunsichert mich im Moment.«

2. Sie versuchen das momentan aufkommende Gefühl zu bejahen. Sie müssen nicht gleich in der Lage sein, »vernünftig« zu reagieren und den Affekt unter Kontrolle zu haben. Wenn Sie sich Luft machen können, ohne den anderen zu schädigen oder befürchten zu müssen, dass man Ihren Ausbruch gegen Sie verwendet, kann dies sehr befreiend sein. Vermeiden Sie, dem anderen etwas heimzahlen zu wollen. Sagen Sie statt eines Schimpfworts lieber etwas, das keiner versteht: etwa einen exotisch-fremdsprachlichen Fluch, falls Sie einen kennen, oder mit Nachdruck: »Habumbalakatschimba!« Das verblüfft und kann Ihnen keiner übel nehmen. Auf mögliches Nachfragen, was das soll, antworten Sie beispielsweise: »Nur ein Hiatus.« Das versteht kaum einer, macht aber Sinn, weil es »Unterbrechung« bedeutet.
   Nach dem ersten Aufwallen spüren Sie womöglich noch andere »darunterliegende« Gefühle. Hinter Ärger, der leichter auszudrücken ist und Sie weniger verletzbar erscheinen lässt, kann sich Traurigkeit oder Angst verbergen. Solche verdeckten Gefühle sind oft ein Hinweis auf eine wahrgenommene Verletzung eines Grundbedürfnisses. Wenn Sie ein Gefühl annehmen, bleiben Sie in Kontakt mit sich. Warum sollte seelischer Schmerz weniger legitim sein als körperlicher?!

3. Stellen Sie keine zu hohen Anforderungen an sich, etwa hinsichtlich Souveränität oder Coolness. Sie sind erst mal, wie Sie sind – akzeptieren Sie sich so, diesbezüglich an sich arbeiten können Sie später immer noch.

4. Wenn nach der ersten Explosion (oder auch Implosion) die Rauchschwaden verzogen sind, versuchen Sie einen Schritt beiseitezutreten und zu überdenken, was gerade passiert ist. Das können Sie auch wörtlich nehmen: Gehen Sie ein bisschen auf und ab oder gehen Sie aus dem Raum; Sie verlassen so das Spannungsfeld und vermeiden unnötige Eskalation. Oder nehmen Sie Ihren Wohlfühl-Duft zur Hand, schließen für einen Moment die Augen, atmen diesen tief ein und erinnern sich an Momente Ihres Wohlbefindens.

Wenn Sie Ihren Elefanten schon gut kennen und wissen, was Sie in einer kritischen Situation brauchen, muss es gar nicht erst zu einer größeren Aufregung kommen. Warten Sie nicht ab, bis Sie das bekannte Verletzungsgefühl voll erwischt, sondern sagen Sie rasch – freundlich und bestimmt –, was Sie wollen und was Sie nicht möchten.
Also z.B.: »Ich möchte jetzt nicht gestört werden!« oder »Das ist mir ein großes Anliegen, bitte dazu keine Scherze!« oder »Das ist mir zu wichtig, als dass ich es hier zwischen Tür und Angel besprechen möchte!« oder »Ich bin nicht sicher, ob du wirklich verstanden hast, worum es mir vor allem geht.«

5. Bedenken Sie, dass zu einer Erregung, die ein anderer auslöst, immer zwei gehören: Keiner ist alleine schuld. Sie entkommen dadurch unfruchtbaren Opfer-Täter-Zuschreibungen (»Immer trampelst du auf mir herum!« oder »Nie nimmst du mich ernst!« oder »Dir ist es vollkommen egal, was du mir antust!«). Reflektieren Sie Ihren Anteil und den des anderen und übernehmen Sie für sich die Verantwortung – ein Zeichen wohlverstandener Souveränität!

6. Ihre alten Selbstschutzmaßnahmen sind wohl eingeübt: Richten Sie Ihre Aufmerksamkeit auf lösungsorientierte Alternativgedanken, um den festgefahrenen Überzeugungen etwas entgegenzusetzen. Welche das sein können, werden wir weiter unten noch erarbeiten. Verzichten Sie auf überkommene Verhaltensmuster, die nicht zu Ihrem Vorteil waren: Setzen Sie auf Offenheit statt auf Vermeidung, auf Klärung statt auf blinden Angriff und Schuldzuweisung.

7. Bleiben Sie in Kontakt mit Ihren Gefühlen und Bedürfnissen. Besinnen Sie sich auf Ihre Stärken. Alles zusammengenommen erhöht Ihre Selbstachtung – Ihr wichtigstes Grundbedürfnis im Augenblick der Verletzung!

An dieser Stelle einige kritische Anmerkungen:
In manchen Situationen ist im Umgang mit den eigenen Ge-

fühlen und Bedürfnissen zur Vorsicht zu raten: Es ist zwar immer sinnvoll, seine Grundbedürfnisse zu kennen und zu achten, aber es gibt durchaus Situationen, in denen wir kein Verständnis erwarten könnten, würden wir unsere wirklichen Bedürfnisse äußern. Es gibt gesellschaftliche Bereiche, in denen es der Gruppennorm widerspricht, auf elementare Bedürfnisse einzugehen. Dies ist (leider) in der Regel in der Arbeitswelt der Fall. Gefühle zu zeigen oder persönliche Bedürfnisse gegenüber Mitarbeitern, Chefs oder Kunden zu äußern, ist häufig nicht ratsam, da dies als Schwäche ausgelegt werden kann. Wir ernten dafür selten Wertschätzung, eher geraten wir in Gefahr, dass im Konkurrenzkampf solche Offenheit gegen uns verwendet wird. Manche suchen gezielt ihren Vorteil, indem sie versuchen, andere an ihrer verletzlichsten Stelle zu treffen, um sie dadurch zu diskreditieren und daraus einen eigenen Vorteil zu schlagen. Solchen Menschen gegenüber ist es besser, Schwächen zu verbergen, um keine Angriffsflächen zu bieten.

Ferner können die Grundbedürfnisse verschiedener Menschen miteinander kollidieren oder aber sie könnten nur auf Kosten des anderen befriedigt werden. Im Drang nach Selbstbestimmung läuft man Gefahr, andere zu unterdrücken. Oder denken Sie an das Bedürfnis nach Zugehörigkeit: Dieses wird nicht selten dadurch befriedigt, dass man andere ausgrenzt. Das werbewirksame Wort von der Exklusivität bedeutet ja nichts anderes, als sein Zugehörigkeitsgefühl daraus zu schöpfen, dass andere eben nicht dazugehören (man fühlt sich in einem exklusiven Kreis, lebt in einer exklusiven Wohngegend, besitzt einen Pass, den andere nicht haben …).

Auch werden manchmal Bedürfnisse nur zum Schein erfüllt, die Freundlichkeit gilt nicht einem selbst, sondern einem anderen Zweck: Denken Sie etwa an die häufig im Geschäftsleben propagierte sogenannte Kundenorientierung: Als Kunde soll man sich wohlfühlen, gar der König sein. Der Verkäufer interessiert sich vielleicht sogar für die Hobbys des Kunden oder dessen Familie. Sein Ziel bleibt aber allein, seine Ware zu verkaufen. Solche »Verführer« kann es auch im privaten Bereich geben. Wir werden manipuliert, damit wir uns wohlfühlen und

Vertrauen entwickeln, allein mit dem Ziel, uns für die Wünsche des anderen gefügig zu machen.

Oder wir treffen auf Menschen, denen unser Befinden völlig gleichgültig ist oder denen es an Sensibilität und Einfühlungsbereitschaft mangelt. Manche Menschen sind tatsächlich so, wie sie uns erscheinen: egoistisch, gefühlsarm, unhöflich, launisch, verschlossen oder intolerant. Ob sie damit ihr eigenes Ego schützen oder nicht, braucht uns dann nicht wirklich zu interessieren, da wir selbst genug damit zu tun haben, uns gegen diese Menschen zu wappnen. Keinesfalls alles, was Sie wahrnehmen, ist also durch alte Schemata verzerrt. Vertrauen Sie Ihrer Menschenkenntnis und Ihren Beobachtungen, und fragen Sie sich im Zweifelsfall, ob der andere überhaupt ein Interesse daran hat, dass Sie sich miteinander wohlfühlen, oder ob er nur seinen eigenen Vorteil im Auge hat. Dem Wolf von unserem Schutzbedürfnis zu erzählen und Verständnis für seinen Hunger zu zeigen wäre sinnlos – er würde uns trotzdem fressen.

Die Achtung Ihrer Grundbedürfnisse: Angemessene Problemlösungen statt alter Selbstschutzprogramme

Es wäre natürlich sehr schön, wenn sich alle Mitmenschen immer nach unseren Bedürfnissen richten würden. Verlockend ist die Vorstellung, dass Menschen in unserer Umgebung eine Art Bauchladen mit sich herumtragen, aus dem wir uns nur bedienen müssen: »Jetzt möchte ich ernst genommen, verstanden, geliebt, wertgeschätzt … werden.« Ein Mensch mit einer solchen Erwartungshaltung geriete leicht in eine Sackgasse: Liebe, Zugehörigkeit, Wertschätzung, Sicherheit und all die anderen Grundbedürfnisse kann man nicht einfordern. Selbst wenn Eltern oder Partner unter Druck dem einen oder anderen Wunsch nachkämen, das Wesentliche ginge verloren, wenn die Erfüllung nur unfreiwillig zustande käme. Auch ist zu bedenken, dass man mit einem solchen Anspruch in alte Abhängigkeiten zurückfallen würde und dies dem hochrangigen Bedürfnis nach Autonomie zuwiderliefe.

Eher *erfolgversprechend ist es, die eigene Kommunikation und das eigene Handeln so auszurichten, dass sich die Chance auf Erfüllung unserer Bedürfnisse erhöht* – was zugleich das Autonomiebestreben wesentlich befördert.

Unsere Selbstschutzprogramme in Momenten seelischer Not sind – wie wir gesehen haben – ein rasch ablaufendes, automatisiertes Notfallprogramm, das uns vermeintlich keine Zeit lässt innezuhalten, achtsam mit uns umzugehen und Ziele zu erkennen, die für unser Gleichgewicht nachhaltig von Nutzen sind. Wir spüren zwar die Gefahr, versuchen aber die unangenehmen Gefühle zu vermeiden, statt nach sinnvollen Lösungen Ausschau zu halten. Die Redensart »Gefahr erkannt, Gefahr gebannt« greift zu kurz und wäre zu ergänzen, etwa mit »Gefahr erkannt, gute Lösung zur Hand, dann erst ist die Gefahr gebannt«.

Wie finden Sie gute Problemlösungen im Umgang mit Ihrem wunden Punkt? Es ist zwar nicht leicht, alte Denk- und Verhaltensmuster zu ändern, aber Sie können die folgenden Empfehlungen als eine Richtschnur verwenden. Zwei Punkte sind Ihnen schon geläufig:

1. Sie achten auf Ihre Gefühle, auch wenn sie unangenehm sind – gewiss eine ziemlich schwierige Übung, denn wir versuchen ja, sie reflexartig loszuwerden. Akzeptieren Sie in kritischen Situationen, dass Sie gerade einem Elefanten begegnet sind. Auch wenn es schwerfällt: Bejahen Sie Ihr Gefühl etwa von Wut, Angst oder Scham, das möglicherweise hinter der ersten Aufregung zum Vorschein gekommen ist. *Anzunehmen, was ist, ist der erste Schritt zur Veränderung.*

2. Sie respektieren Ihre Bedürfnisse und die der anderen. Mithilfe der Fragebögen und Tests konnten Sie sich Klarheit verschaffen. Zu wissen, was Sie wirklich brauchen, ist das A und O für Ihre Zielfindung.

Hinzu kommen zwei weitere Lösungsschritte:

3. Sie überprüfen Ihre festgefahrenen Überzeugungen auf ihre Gültigkeit in der gegenwärtigen Situation.

4. Sie überprüfen Ihre Selbstschutzprogramme auf vor- und nachteilige Auswirkungen und entwickeln für sich alternative Problemlösungen.

Die beiden letzten Punkte entsprechen dem Zugang 4 zu Ihrem Elefanten, den wir nun genauer betrachten:

Die Überprüfung festgefahrener Überzeugungen

Welche festgefahrenen Überzeugungen Ihr Selbstschutzprogramm steuern, haben Sie bereits notiert. Halten Sie diese Überzeugungen unter allen Umständen für berechtigt und maßgeblich? Wahrscheinlich nicht, daher lohnt es sich, diese fragwürdigen Wegweiser zu überprüfen.

Das folgende kleine Gesellschaftsspiel kann Spaß machen:

Tragen Sie zum einen alle Sätze zusammen, die strenge Gebote enthalten, zum anderen solche, die Lebensfreude zum Ausdruck bringen. Machen Sie daraus vielleicht ein kleines Spiel im Familien- oder Freundeskreis: Der eine beginnt mit einem strengen Muss-Satz, der nächste formuliert einen Lust-Satz, einfach, was ihm gerade in den Sinn kommt. Also z.B.:

»Müßiggang ist aller Laster Anfang!« – »Faul sein ist schön!« – »Man darf nichts Unvernünftiges tun!« – »No risk, no fun!« – »Das Leben ist kein Zuckerlecken!« – »Süß ist nur die Sünde!« – »Man muss jede Sache zu Ende bringen!« – »Carpe diem!« – »Man muss immer sein Bestes geben!« – »Man muss die Feste feiern, wie sie fallen!«

Welche Sätze fallen Ihnen und den anderen rascher ein? Vielleicht kann diese Sammlung gegensätzlicher »Lebensweisheiten« die folgende Aufgabe erleichtern:

Wählen Sie eine festgefahrene Überzeugung aus, die maßgeblich an Ihrem Selbstschutzprogramm beteiligt ist, und unterziehen Sie sie einer Überprüfung. Dazu bietet sich ein Verfahren an, das man als »Sokratischen Dialog« bezeichnet. Dabei wird man durch Fragen angeleitet, seine Denkmuster nach logischen und realitätsgerechten Gesichtspunkten zu überprüfen. Der griechische Philosoph Sokrates hat bekanntlich keine Lehren verkündet, sondern durch kritisches Fragen seine Schüler zum Gebrauch ihrer Vernunft angeregt. Dies hat den großen Vorteil, dass man sich nicht an einer »Expertenmeinung« orientiert, sondern selbst herausfinden kann, was für einen richtig und nützlich ist. Autonomes Denken und Verhalten werden so gestärkt. Führen Sie also diesem Prinzip entsprechend mit sich selbst eine Art von innerem Dialog.

Überprüfen Sie einmal den Satz »Man darf niemals aufgeben!« mit folgenden Fragen:

1. Wie sehr sind Sie von der Richtigkeit dieser Annahme überzeugt? Wählen Sie eine Prozentzahl zwischen 0 und 100.
2. Woraus leiten Sie diese Überzeugung ab? Finden Sie Beweise für ihre Gültigkeit?
3. Gibt es Hinweise, dass die Überzeugung nur von Fall zu Fall gültig sein könnte?
4. Was ist Ihre schlimmste Befürchtung für den Fall, dass Sie diese Überzeugung nicht beachten würden? Wie hoch schätzen Sie die Wahrscheinlichkeit ein, dass dieser Worst Case eintreten könnte?
5. Trägt es zu Ihrem Wohlbefinden bei, wenn Sie der alten Überzeugung folgen? Wenn ja, welche Vorteile hat es für Sie konkret? Wenn nein, welche Vorteile hätten neue Überzeugungen? Formulieren Sie einige Möglichkeiten, und lassen Sie Ihr Gefühl entscheiden, ob eine geänderte Sicht zur Problemlösung beiträgt.
6. Wie sehr sind Sie jetzt von der Richtigkeit der ursprünglichen Annahme überzeugt? (0–100 %)

Zur 5. Frage schauen wir uns an, welche Korrekturen unsere Hauptpersonen vorgenommen haben:

	Alte Überzeugung	Neue Überzeugung
Elisabeth:	»Ich ertrage es nicht, wenn mir jemand böse ist und ich Zuneigung und Anerkennung verliere.«	»Es muss mich nicht jeder mögen.«
Stefan:	»Ich muss mich zur Wehr setzen, sonst werde ich nicht ernst genommen!«	»Ich weiß, was ich kann und was ich wert bin.«
Anna:	»Ich muss meine persönlichen Wünsche zurückstellen!«	»Meine Bedürfnisse sind genauso wichtig wie die der anderen.«
Peter:	»An der Unzufriedenheit meiner Frau bin ich schuld!«	»Ich bin nicht in allen Belangen für das Wohlbefinden meiner Frau verantwortlich.«
Sebastian:	»Nur wenn ich etwas Besonderes leiste, werde ich gebraucht!«	»Mein Wert hängt nicht nur von meiner Leistung ab.«
Sibylle:	»Bescheidenheit ist eine Zier.«	»Ich trete offen für meine Bedürfnisse ein.«
Markus:	»Es ist besser, niemanden zu brauchen.«	»Fragen kostet nichts. Schließlich gibt es auch hilfsbereite Menschen.«
Sie selbst:		

Schreiben Sie Ihre Antworten auf und tragen Sie alles zusammen, was Sie in diesem Kapitel weiterhin an neu erkannten Stärken und nützlichen Überzeugungen erarbeiten werden.

Alternative Problemlösungen

Um zu besseren Lösungen zu kommen, ist es wiederum sinnvoll, die kritische Situation aus einiger Distanz zu betrachten. Sie nehmen damit automatisch eine andere Perspektive ein, weil Sie sich beim Erinnern nicht mehr akut bedroht fühlen, sondern aus dem zeitlichen Abstand mit verschiedenen Betrachtungsweisen und Lösungsmöglichkeiten experimentieren können (vgl. auch die unterschiedlichen Reaktionsmöglichkeiten auf Elefanten in *Kapitel 4*, S. 147 ff.).

Eine neue Sicht eröffnet neue Lösungsansätze:

> Sammeln Sie einfach einmal alle Lösungsgedanken, alles, was Ihnen einfällt, ohne sie zunächst auf Realisierbarkeit zu überprüfen. Das machen Sie am besten zusammen mit einer Ihnen nahestehenden Person, da ein anderer seine eigene Perspektive und Ideen einbringen kann. Wählen Sie dann diejenigen Ansätze aus, die erstens Ihrem eigenen Wertesystem entsprechen (Frage: »Kann ich mich damit identifizieren?«) und die zweitens eine neue Herangehensweise für Sie bedeuten.

Elisabeth etwa hielt es für eine gute Idee, am Tag nach der Ruhestörung bei der Nachbarin zu klingeln, um ihr ohne Vorwurf, aber in klaren Ich-Botschaften darzulegen, wie erschrocken sie angesichts des Wutausbruchs war und wie wichtig ihr ein gutes Nachbarschaftsverhältnis ist.

Bevor man jedoch zur Tat schreitet, ist es hilfreich, sich den möglichen Ablauf vorzustellen (gewissermaßen ein gedankliches Probehandeln). Dies dient der Vorbereitung, dem Abbau von Angst und der Überprüfung der Effekte auf das eigene Befinden.

Gedankliche Einstimmung

Stellen Sie sich die Situation, in der Sie in der Mücke einem Elefanten begegnet sind, in allen Einzelheiten vor: Was hat der andere getan oder gesagt, welche Botschaften haben Sie »zwischen den Zeilen« gespürt? Wie ist es Ihnen ergangen? Wie haben Sie sich verhalten und welche Auswirkungen hatte dies? Hat sich das Problem dadurch gelöst oder eher verschlimmert? In letzterem Fall: Hat sich daraus eine Eskalation, ein Teufelskreis ergeben?

Bevor Sie eine neue Verhaltensvariante ausprobieren, konzentrieren Sie sich auf Ihre Stärken. Oder vergegenwärtigen Sie sich, wie Sie andere schwierige Situationen gemeistert haben. Im Vollbesitz Ihrer Ressourcen gehen Sie nun gedanklich in die kritische Situation und spielen das neue Verhalten durch. Machen Sie sich dabei eventuell Mut durch leise oder laute Selbstinstruktionen: »Ich kann das/ich habe ein Recht dazu/ich verstecke mich nicht/ich mute mich dem anderen zu …«

Nehmen Sie in Gedanken eine selbstsichere Körperhaltung ein, stehen Sie fest mit beiden Beinen auf dem Boden, wählen Sie einen geeigneten räumlichen Abstand zu Ihrem Gegenüber. Nun agieren Sie so, wie es Ihrem neuen Lösungsansatz entspricht. Wie fühlt sich das an? Haben Sie eine Idee, wie Ihr Gesprächspartner reagieren könnte? Beenden Sie die Szene in Ihrer Vorstellung so, dass Sie sich deutlich entspannter fühlen. Haben Sie nun etwas von dem, was Sie wirklich brauchen, realisiert? In jedem Fall haben Sie sich selbst etwas gegeben: z.B. die Erfahrung, dass Sie sich authentisch verhalten oder Mut bewiesen haben, einen Konflikt anzusprechen und die bisher vermiedenen Konsequenzen zu riskieren.

Praxistest

Überlegen Sie nun, wie Sie das in Gedanken durchgespielte Verhalten in die Tat umsetzen können. Schreiben Sie drei Situationen auf, die Ihnen erfahrungsgemäß Schwierigkeiten machen, und ordnen Sie diese nach Schwierigkeitsgrad. Eine Situation haben Sie ja gerade schon durchgespielt. Beginnen Sie beim Praxistest mit der leichtesten! Entweder Sie warten ab, bis Ihnen wieder einmal eine vermeintliche Mücke begegnet, oder Sie greifen eine Begebenheit auf, deren Ausgang für Sie unbefriedigend war, gehen auf den anderen zu und probieren Ihr neues Denk- und Verhaltensmuster aus.

Sind Sie mit sich zufrieden? Welches positive Ergebnis können Sie für sich verbuchen? Was haben Sie daraus gelernt? Lässt sich manches noch im Detail verbessern? Üben Sie weiter mit der Erprobung kleiner Variationen – gestärkt durch Ihren wohlwollenden inneren Dialog. Schenken Sie auch kleinen Erfolgen Ihre Wertschätzung: Eigenlob riecht gut, es stinkt nur dem Neider!

Ein positives Selbstbild und ein realistisches Bild von anderen

Für ein positives Selbstbild sind empfangene Liebe und Wertschätzung in Kindheit und Jugend natürlich ein fruchtbarer Nährboden, im Gegensatz zu häufiger Kritik oder Entwertungen. Das daraus entstandene Bild von uns selbst macht es uns leichter oder schwerer, uns selbst zu akzeptieren. Manche Eigenschaften sind uns so vertraut, dass wir sie wie einen festen Bestandteil unserer Person erleben. Sie basieren jedoch immer auf Schlussfolgerungen, abgeleitet aus Erfahrungen, deren Gültigkeit in der Gegenwart überprüft werden kann.

Als Sie Ihren Elefanten betrachteten, wurde deutlich, wie sich in Momenten der Gefährdung von Grundbedürfnissen die Selbsteinschätzung ändern kann: Man fühlt sich plötzlich schwächer und angreifbarer, als man normalerweise ist, und andere Menschen wirken mächtiger und bedrohlicher. Anders, wenn Sie sich Ihrer Stärken und Fähigkeiten bewusst sind: Sie stehen dann mit beiden Beinen fest auf dem Boden und haben keinen Anlass, an sich selbst zu zweifeln. Diese Unterscheidung ist von großer Bedeutung, macht sie uns doch klar, dass wir eben nicht so oder so sind, sondern dass die Sicht auf uns selbst von unserem jeweiligen Erfahrungs- und Erlebnishintergrund abhängt. Hier können wir ansetzen, wenn wir unser Gleichgewicht stabilisieren wollen: Statt uns mit alten, einengenden Selbst- und

Fremdbildern ins Wanken zu bringen, lenken wir unsere Aufmerksamkeit auf unsere Fähigkeiten und Ressourcen, die uns prinzipiell zur Verfügung stehen, uns aber subjektiv in manchen Situationen verlorenzugehen scheinen.

Wieder dreht sich alles um die Frage: Was brauchen wir in einer Situation vorübergehender seelischer Not und was können wir für unser Gleichgewicht tun?

Sie erinnern sich an Ihre Polaritätenprofile, einmal im Zustand der Verletzbarkeit, zum anderen wenn Sie sich Ihre Stärken bewusst machten (vgl. *Kapitel 4*, S. 157 ff.). Beantworten Sie bitte dazu folgende Fragen:

1. Bei welchen Eigenschaften ergaben sich die größten Unterschiede im Vergleich?
2. Welche Eigenschaft, die Ihnen im Zustand der Stärke zur Verfügung steht, vermissen Sie in der kritischen Situation am meisten?
3. Welche Sicht auf sich selbst und die anderen Menschen wäre für eine angemessene Problemlösung hilfreich?

Machen Sie sich die Eigenschaften bewusst, die Ihnen in der kritischen Situation anscheinend abhandenkommen, damit Sie zukünftig in der Gefahrensituation auf sie zurückgreifen können. Die Gießener Psychotherapeutin Renate Frank, die sich dem Arbeits- und Forschungsschwerpunkt »Wohlbefinden und Lebensqualität« widmet, hat in ihrem Lebenshilfebuch ›Glück – lebe deine Stärken‹ eine Reihe von Übungen vorgeschlagen. Sie sind in abgewandelter Form und für unser Thema ergänzt in die nachfolgenden Empfehlungen eingeflossen. Mit ihrer Hilfe können wir uns

1. Stärken bewusst machen,
2. diese Stärken üben und
3. erlebte »Schwachstellen« beseitigen.

Sich die eigenen Stärken bewusst machen

Zu diesem Punkt haben Sie mit Ihrem positiven Polaritätenprofil schon einiges zusammengetragen. Ergänzen Sie den folgenden Satz mit allen wichtigen positiven Eigenschaften, die Sie angekreuzt haben, und lesen Sie ihn sich laut vor:

»Ich freue mich und bin stolz darauf, dass ich …«

Das mag eine gewisse Überwindung kosten, trägt aber nachgewiesenermaßen zur Verbesserung Ihrer Stimmung bei. Einfach ausprobieren! Der Depressionsforscher Martin Seligman, der den Begriff »Positive Psychologie« geprägt hat, und sein Kollege Christopher Peterson haben 24 allgemeingültige menschliche Stärken aufgelistet, die Ihnen bei der Suche nach weiteren Stärken helfen mögen. Renate Frank hat sie sechs grundsätzlichen menschlichen Wertvorstellungen zugeordnet:

»*Weisheit und Wissen*

Stärken: Neugierde, Freude am Lernen, Urteilsvermögen, Kreativität, Weitblick

Mut

Stärken: Tapferkeit, Durchhaltekraft, Ehrlichkeit, begeisterter Tatendrang

Menschlichkeit

Stärken: Freundlichkeit, Liebe und Bindungsfähigkeit, soziale Intelligenz

Gerechtigkeit

Stärken: soziale Verantwortlichkeit, Fairness, Führungsvermögen

Mäßigung

Stärken: Bereitschaft zum Vergeben, Bescheidenheit, umsichtige Klugheit, Selbstkontrolle

Spiritualität und Transparenz

Stärken: Sinn für das Schöne und Wunderbare, Dankbarkeit, Hoffnung und Zuversicht, Humor, Religiosität/Spiritualität.«

Nicht alle dieser Wertvorstellungen bzw. Stärken mögen Ihnen persönlich am Herzen liegen. Wählen Sie daher aus, was Ihnen wichtig erscheint. Tragen Sie die Stärken – diejenigen, die Sie schon haben bzw. die Sie üben und weiterentwickeln möchten – auf Ihre jeweiligen Auswertungsblätter ein.

Erfahrungen sammeln in der Anwendung eigener Stärken

Nun können Sie die erkannten Stärken üben:

Wählen Sie Ihre drei größten Stärken aus. Überlegen Sie sich, wie Sie diese in konkretes Handeln umsetzen könnten! Also beispielsweise

- Neugier: Probieren Sie etwas Neues aus, was Sie schon lange interessiert.
- Freundlichkeit: Sprechen Sie ein Lob aus, wenn Ihnen am Verhalten anderer etwas positiv auffällt. Oder bedanken Sie sich auch für etwas, das gerne als selbstverständlich erachtet wird.
- Sinn für Ästhetik: Stellen Sie sich öfter einen Blumenstrauß auf den Schreibtisch oder zünden Sie auch mal an einem gewöhnlichen Wochentag zum Abendessen Kerzen an.

Setzen Sie diese Stärken bewusst in verschiedenen Lebensbereichen ein: im beruflichen Bereich, in der Familie, in der Partnerschaft, im Freundeskreis, bei der Ausübung Ihrer Hobbys. Überlegen Sie sich schon morgens, welche Stärken Sie an diesem Tag gebrauchen und einsetzen können. Vergegenwärtigen Sie sich am Abend, welche Wirkung Ihr Verhalten hatte. Loben Sie sich selbst.

Mit solchen Übungen stärken Sie Ihr Selbstvertrauen und Ihre Zuversicht, auch schwierige Situationen meistern zu können.

Erlebte »Schwachstellen« beseitigen

Hier kommt es auf jene Eigenschaften bzw. Fähigkeiten an, die Sie in kritischen Situationen gut gebrauchen könnten, die Ihnen aber manchmal auf merkwürdige Weise abhandenkommen. Welche Stärken und Kompetenzen möchten Sie sich aneignen? Oder haben Sie sich persönliche Schwächen eingestanden, die Sie bereit sind zu akzeptieren? Schwächen anzunehmen ist ja auch eine Stärke. Schreiben Sie Ihre neuen Erkenntnisse auf.

Wie können Sie neue Stärken entwickeln?

Wenn also nun Aspekte Ihres Selbstbildes nicht zu der Vorstellung passen, wie Sie gerne sein möchten, und Sie diese besonders bei der Berührung eines wunden Punkts beeinträchtigen, dann macht es Sinn, diese zu korrigieren.

Hierzu eignen sich prinzipiell zwei Schritte, die zusammengehören:

1. Sie überprüfen Ihr negatives Selbstbild im Hinblick auf seinen Realitäts- und Nützlichkeitsgehalt und
2. Sie probieren in zunächst einfachen, dann schwierigeren Situationen ein neues Verhalten aus, wie Sie es bei der Korrektur festgefahrener Überzeugungen schon kennengelernt haben (siehe S. 175 ff.).

Zu Punkt 1: Bei Annahmen, die uns nicht guttun, lohnt ein Realitätscheck. Schließlich bestimmt jeder selbst, was er über sich denkt. Nehmen wir einmal an, jemand fühlte sich durch eine Kritik an seiner Leistung persönlich abgewertet. Ist ein wunder Punkt berührt, hält er sich vielleicht für inkompetent. Er denkt automatisch, das müsste ich wissen oder können. Eventuell hat er sogar die festgefahrene Überzeugung, niemals Fehler machen zu dürfen, um anerkannt zu sein. Angesichts eines solchen Maßstabs ist sein Versagensgefühl vorprogrammiert.

Nehmen wir an, Sie kennen selbst dieses Problem, was ja nicht ungewöhnlich wäre. Sie fühlten sich also durch eine Kritik in Ihrer Kompetenz angegriffen. Zur Überprüfung, ob Sie die Kritik wirklich persönlich nehmen müssen, können Sie sich von folgenden Fragen – im Sinne des Sokratischen Dialogs – leiten lassen:

Ihr Selbstbild bei Kritik

1. Wie sehr sind Sie in dem Moment der Kritik von ihrer Berechtigung überzeugt?
2. Wie groß ist in diesem Moment Ihre Überzeugung, dass mit der Kritik ein persönliches Versagen gemeint sein könnte? Woraus leiten Sie diese Überzeugung ab? Halten Sie sich wirklich für inkompetent?
3. Gibt es Gegenbeweise, also Beweise für Ihre Kompetenz?
4. Müssen Sie wirklich frei von Fehlern sein? Wenn ja, warum, wenn nein, warum nicht?
5. Was ist Ihre schlimmste Befürchtung? Was wäre z.B., wenn Sie der momentane Kritiker tatsächlich für inkompetent halten würde? Wäre dies ein Beweis für Ihre grundsätzliche Inkompetenz? Wenn ja, weshalb? Wenn nein, weshalb nicht?

6. Wird Sie die momentane Kritik morgen, in einer Woche oder einem Monat noch beschäftigen?
7. Was sagt die Kritik über den kritisierenden Menschen aus? Ist er eventuell im Stress, sucht einen Schuldigen oder möchte er sich über Sie erheben?
8. Ist die Kritik konstruktiv gemeint? Wenn ja, könnte sie für Sie nützlich sein? Wenn nein, wie können Sie sie zurückweisen?

Bei Ihren Antworten entdecken Sie möglicherweise irrationale Denkmuster. Vielleicht haben Sie voreilige Schlussfolgerungen gezogen, etwa: Die Kritik bedeutet, dass er/sie nichts von mir hält. Oder Sie entdecken hohe normative Anforderungen, die Sie an sich stellen. Oder Sie nehmen die Kritik gleich als unabänderliche persönliche Katastrophe hin, ohne darüber nachzudenken, welche Auswirkungen sie überhaupt haben könnte.

Formulieren Sie nun eine neue Annahme, die Ihren Fähigkeiten gerechter wird.

Versuchen Sie Anhaltspunkte zu finden, die der alten Eigenschaftszuschreibung widersprechen (contra) und die neue Annahme stützen (pro). Orientieren Sie sich an folgendem Beispiel:

Alte Annahme: »Ich bin inkompetent.«
Neue Annahme: »Ich weiß, was ich kann, und ich darf auch mal Fehler machen.«
Überlegungen, die die neue Annahme stärken:
- Die Aufgabe war sehr komplex.
- Der Zeitdruck war hoch, da können Fehler passieren.
- Wichtige Informationen wurden mir nicht zur Verfügung gestellt.
- Ich hätte mehr Unterstützung gebraucht.
- Die Kritik ist nicht berechtigt, weil ...
- Kein Mensch ist fehlerfrei.
- Nicht von ungefähr hat man gerade mir diese Aufgabe übertragen.
- Das meiste, was ich anpacke, gelingt mir.

Überprüfen Sie, wie es sich anfühlt, wenn Sie die neue Annahme aussprechen. Fühlen Sie sich entlastet? Wenn nicht, suchen Sie nach einem anderen Satz, der Ihnen im Moment einer Kritik, innerlich gesprochen, wirklich guttut! Z.B.: »Eine Kritik, die mir weiterhilft, nehme ich gerne an, andernfalls ist sie wertlos.« Oder: »Wenn XY persönlich etwas gegen mich hat, soll er es klar sagen und nicht auf diese Weise verpacken!« Oder: »Die Kritik ist berechtigt, aber sie betrifft nur einen Teilaspekt, ich bin deshalb noch lange nicht generell unfähig.«

Bewerten Sie jetzt noch einmal die Berechtigung und Tragweite der Kritik. Wenn Sie sich durch Ihre neue Einschätzung entlastet fühlen, dürfte sich auch Ihre Ausgangsüberzeugung verändern. Halten Sie das Ergebnis schriftlich fest.

Sie können nach diesem Schema auch die anderen Einschätzungen, die Sie in der kritischen Situation als einengend und nachteilig erleben (siehe S. 155), überprüfen. Wählen Sie dabei nur diejenigen aus, die für eine bessere Bewältigung der Situation relevant sind. Wahrscheinlich haben Sie mehr Stärken, als Ihnen bewusst ist (siehe Ihr positives Selbstbild S. 157 f.). Mit der Methode des Sokratischen Dialogs können Sie alle einengenden Annahmen über sich selbst überprüfen und durch angemessenere Selbsteinschätzungen ersetzen. Das stärkt Ihr Selbstvertrauen und verlängert die Liste Ihrer Stärken.

Ähnliche Fragen können Sie sich zu dem Bild, das Sie in der kritischen Situation von Ihrem Gegenüber haben, stellen. Nehmen wir an, Sie halten den Kritiker im obigen Beispiel für überheblich, verletzend oder unsensibel.

Ihr Fremdbild bei Kritik

1. Wie sehr sind Sie davon überzeugt, dass diese Eigenschaften auf den anderen tatsächlich zutreffen?
2. Woraus schließen Sie, dass er/sie so ist?
3. Gibt es alternative Erklärungen für sein/ihr Verhalten?
4. Wenn ja, erleichtern Sie diese Erklärungen?
5. Kennen Sie an diesem Menschen auch andere Seiten, z.B. Wertschätzung oder Hilfsbereitschaft?

6. Erscheint Ihnen Ihr Kritiker selbst fehlerlos?
7. Müssen Sie sich vielleicht damit abfinden, dass Sie es leider mit einem sehr unfreundlichen Menschen zu tun haben?
8. Hat er wirklich das Recht, über Ihre Kompetenz zu befinden?

Versuchen Sie nun das Eigenschaftsprofil Ihres Kritikers zu korrigieren und stellen Sie fest, ob die neue Sicht Ihre Verletzbarkeit verringert und Ihren Handlungsspielraum erweitert.

Alte Annahme: »Dieser Mensch will mich verletzen.«
Neue Annahme: »Dieser Mensch ist eigentlich wohlwollend mir gegenüber, aber gerade selbst im Stress.«
Überlegungen, die die neue Annahme stärken:
- Wenn er sich überlastet fühlt, fällt es ihm schwer, angemessen Kritik zu äußern.
- Er trägt schwer an seiner eigenen Verantwortung.
- Er muss immer alles unter seiner Kontrolle haben.
- Er kann auch sehr unterstützend und hilfsbereit sein.
- Ich kenne viele Eigenschaften an ihm/ihr, die ich sehr zu schätzen weiß.

Stellen Sie sich noch einmal die Frage 1: Sind Sie immer noch überzeugt von der Richtigkeit Ihrer Annahme? Wie fühlt es sich an, wenn Sie die Kritik neu bewertet haben? Fällt es Ihnen jetzt leichter, mit ihr angemessen umzugehen?

Eine negative Einstellung anderen gegenüber zu überprüfen, bedeutet generell eine große Entlastung, denn eingefahrene Ressentiments erzeugen Anspannung und Abwehrhaltungen, und das kostet immer Energie. Zudem können Feindbilder den Blick auf uns selbst verstellen, da wir manchmal im anderen eigene ungeliebte Anteile bekämpfen.

Mit diesen Übungen, die sich in der sogenannten Kognitiven Verhaltenstherapie seit vielen Jahren bewährt haben, können Sie automatische negative Bewertungen oder innere Kommentierungen auf ihren aktuellen Realitätsgehalt überprüfen und damit Ihr Selbst- und Fremdbild von alten, verzerrenden Wahrnehmungsmustern befreien. Lesern, die sich mit diesem Ansatz intensiver beschäftigen wollen, kann ich das Buch ›Im Dschungel der Gefühle‹ von Harlich Stavemann empfehlen.

Auch ein Schritt in die Zukunft: Ein wohlwollender Blick zurück ohne Zorn

Wer tiefer in die Vergangenheitsbewältigung einsteigen will, kann sich nun dem wohl schwierigsten Bereich zuwenden: den früheren Bedürfnisverletzungen. Sollten Sie derzeit keinerlei Neigung verspüren, sich mit alten Geschichten zu befassen (weil Sie sie für erledigt halten, sich dies nicht zutrauen oder z.B. denken: »Warum schlafende Hunde wecken?«), so übergehen Sie einfach die folgenden Abschnitte. Manchmal ergibt sich ein Interesse dafür zu einem späteren Zeitpunkt oder Sie suchen sich jemanden, der Sie auf diesem Weg begleiten kann (z.B. einen Therapeuten).

Beginnen will ich mit positiven Erinnerungen an Kindheit und Jugend. Sie auszulassen wäre schade, da das Erinnern Freude bereiten und vergessene Ressourcen wiederbeleben kann.

■ Positive Erinnerungen an Kindheit und Jugend

Die in die Zukunft gerichtete Freude, die Vorfreude, gilt zwar als schönste aller Freuden, eine Nachfreude, das intensive Vergegenwärtigen angenehmer Erlebnisse, trägt aber genauso zu unserem Wohlbefinden bei. Ein Klassentreffen nach vielen Jahren kann uns durch die Rückschau auf amüsante Begebenheiten in eine heitere Stimmung versetzen, das Betrachten eines Videos aus unserer Kindheit erweckt die Freude von einst zu neuem Leben, ein altes Fotoalbum durchzublättern kann uns ins Schwärmen bringen. Kann man sich darüber mit anderen austauschen, reihen sich wie von selbst Geschichten aneinander, positive Erinnerungen haben etwas Ansteckendes.

Verena Kast, eine Schweizer Professorin und Psychotherapeutin, empfiehlt eine »Freuden-Biographie«, also einen Rückblick in die Kindheit, der nur das Freudvolle fokussiert. Sie nennt zahlreiche Beispiele, die uns an positive Erfahrungen erinnern können. Ihre Anregungen habe ich teilweise aufgegriffen und ergänzt:

1. Der Spaß an der Bewegung: Fangen und Verstecken spielen, auf Bäume klettern, auf Rutschbahnen ins Schwimmbecken gleiten, vor Freude hüpfen, eine Schlittenfahrt – Ihnen wird hierzu sicher einiges einfallen, vielleicht verbunden mit dem Gefühl damaliger Selbstvergessenheit.
2. Vergnügungen des Tastsinns und der Berührung: in der Badewanne oder am Strand plantschen, im Sand graben, sich gegenseitig mit Schlamm bewerfen, eine Kissenschlacht, miteinander raufen oder kuscheln – ein wunderbares sinnliches Erleben.
3. Geheimnisse haben: ein Versteck, von dem niemand wissen durfte, von den Eltern Verbotenes lesen, kindliche Doktorspiele, Kirschen klauen und andere Streiche – nicht erlaubt, aber gerade dadurch besonders spannend.
4. Neues ausprobieren, die Phantasie gebrauchen: Entdeckungen machen, Geschichten erfinden (sie erzählen oder aufschreiben), in Rollen schlüpfen, etwas basteln – lauter Erfolgserlebnisse entstanden aus Neugier und der Lust zur Erprobung eigener Fähigkeiten.
5. Die Freude am Schenken und Beschenktwerden: Erinnerungen an kleine und große Überraschungsgeschenke, andere mit etwas Selbstgebasteltem erfreuen oder freiwillig bei alltäglichen Aufgaben mithelfen – beglückende Erfahrungen, stets wiederholbar.

Bei solch freudigen Erinnerungen können auch wichtige Bezugspersonen in einem neuen, positiveren Licht erscheinen. Denken Sie daran, mit wie viel Liebe etwa Ihre Eltern einen Kindergeburtstag oder Weihnachten gestaltet haben, wie Sie sich über deren Geschenke, z.B. Ihr erstes Fahrrad gefreut haben. Dabei können Gefühle großer Dankbarkeit wachgerufen werden. Wie wäre es, wenn Sie solche Erinnerungen zum Anlass nähmen, eine Liste von Personen zusammenzustellen, die Ihnen etwas Gutes getan haben? Die

- Sie in einer schwierigen Situation ermutigt oder getröstet haben,
- Sie für etwas gelobt haben, das Ihnen gut gelungen ist,
- Ihnen beigestanden oder Sie beschützt haben,
- Ihre Neugierde auf interessante Themen geweckt haben,
- Ihnen Fertigkeiten beigebracht haben, auf die Sie stolz sein konnten/können oder
- einfach für Sie da waren, wenn Sie sie gebraucht haben.

Vielleicht haben Sie sogar die Möglichkeit, diesen Menschen tatsächlich noch zu danken. Mit einem – wenn auch späten – Dank könnten Sie ihnen etwas zurückschenken. Das Erlebte zu schildern und zu würdigen, was diese Menschen für Sie getan haben, kann eine beglückende Nähe erzeugen. Möglicherweise sind Sie selbst überrascht, wie viel Geborgenheit und Wertschätzung Sie manchmal erhalten haben. Schreiben Sie doch einen kleinen Dankesbrief an diese Personen! Selbst wenn diese nicht mehr leben sollten, tun Sie sich damit einen Gefallen.

Positive Erinnerungen sind eine Schatzkiste, die auch für Ihr heutiges Leben Anregungen und Ressourcen enthält:

- Was macht Ihnen heute noch Freude?
- Welche Quellen von Glück haben Sie aus den Augen verloren?
- Wie verändert sich Ihr Bild von sich selbst und der Mitwelt, wenn Sie sich glückliche Erlebnisse in der Kindheit vergegenwärtigen?
- Entdecken Sie womöglich – sensibilisiert durch die Erinnerungen – neue Freuden in Ihrem jetzigen Alltag?
- Könnten Sie öfter etwas planen, das Ihnen Freude macht?

Kaum etwas kann mehr zu Ihrem Gleichgewicht beitragen als erlebte Freude. Schon die Erinnerung tut gut, manches können Sie vielleicht wieder zum Leben erwecken.

Negative Erinnerungen an Kindheit und Jugend

Was war, kann man zwar nicht ungeschehen machen, aber man kann sich bewusst machen, dass man heute nicht mehr so hilflos und ausgeliefert ist, wie man es in einer kindlichen Notsituation war.

Da wir inzwischen erwachsen sind, ist für uns bildlich gesprochen eine ehemals hohe Mauer nur noch ein Mäuerchen. Und doch verhalten sich Menschen manchmal so, als wären die alten Hindernisse noch genauso unüberwindlich wie einst. Unvergesslich ist mir das Verhalten eines jungen Hundes, den ich tagaus, tagein auf einer Wiese antraf, angebunden an einem Baum mit einem drei Meter langen Strick. Wie jeder Hund wollte er rennen; der sich um den Baum wickelnde Strick zwang ihn in eine immer enger werdende Spiralbahn. Als ich den häufig hungernden und dürstenden Hund schließlich losband, rannte er für ein paar Minuten weiter in seiner im trockenen Boden eingravierten Spur, blieb dann für einige Augenblicke stehen, um nach ängstlichem Zaudern – erstmals erlebte ich ihn mit eingezogenem Schwanz – erst langsam, dann schneller das Weite zu suchen. Nach einigen Tagen sah ich ihn im Rudel streunender Hunde, noch eher am Rande, aber schon dazugehörend.

Der Hund hatte offensichtlich die Möglichkeiten seiner neuen Freiheit rasch erkannt. Manche Menschen scheinen jedoch Angst vor der Freiheit zu haben und überprüfen ihre (vermeintlichen) Fesseln ein Leben lang nicht. Wie kann man die Fesseln erkennen, die nur noch in der eigenen Vorstellungswelt existieren?

Sie haben bereits wichtige Erinnerungsarbeit geleistet, konnten alten Gefühlen und Bedürfnissen nachspüren und sind nun eher in der Lage, diese zu akzeptieren, weil sie für Sie als Kind vollkommen angemessen waren. Im Hier und Jetzt können Sie sich sagen: »*Es ist Vergangenheit, dass ich so hilflos und abhängig war. Inzwischen bin ich ein erwachsener Mensch mit vielfältigen Stärken und Möglichkeiten. Heute kann und darf ich ausdrücken, was ich fühle und wirklich brauche!*«

Im Grunde haben wir alles, was wir für die Lösung alter Fesseln benötigen:

1. Wir haben Abstand.
2. Wir sind nicht mehr eingebunden in die früheren Erziehungswelten.
3. Wir haben unsere geweitete Perspektive und unsere Ressourcen als Erwachsene.

Den Strick des Hundes konnte ich mit einem mäßig schlechten Gewissen (im Hinblick auf die Verletzung der Eigentumsrechte des Hundehalters) losbinden. Wie kann man dem kleinen Hund (respektive Kind) in sich selbst helfen, wie kann man ihm z.B. klarmachen, dass er Zähne hat, um seinen Strick selbst durchzubeißen?

Wir stellen uns vor – was sicher nicht ganz einfach ist und manchmal therapeutischer Führung bedarf –, dass wir die Zeit zurückdrehen könnten. Nehmen Sie eine Situation, an die Sie sich lebhaft erinnern. Versuchen Sie dann als Erwachsener, der Sie heute sind, dem damals überforderten Kind beizustehen, indem Sie formulieren, was es in der schwierigen kindlichen Situation nicht sagen konnte. In Ihrer Phantasie schlüpfen Sie dazu in die Rolle einer fürsorglichen Person, die die Eltern oder andere Bezugspersonen direkt anspricht. Schreiben Sie Ihre Gedanken dazu am besten auf. Die folgenden zu vervollständigenden Sätze greifen die Themen wichtiger Bedürfnisse auf und können Ihnen so eine Orientierung bieten:
- Die kleine .../der kleine ...(Ihr Vorname) fühlt sich gerade ...
- Wenn sie/er sich so verhält, möchte sie/er ausdrücken, dass ...
- Sie/er braucht euer Verständnis dafür, dass ...
- Nehmt sie/ihn ernst, wenn sie/er ...
- Lasst sie/ihn nicht allein, schimpft nicht, macht euch nicht lustig, geht nicht darüber hinweg, beschämt sie/ihn nicht, wenn sie/er ...
- Lasst sie/ihn etwas ausprobieren, sofern es niemandem schadet, wenn sie/er ...
- Lasst sie/ihn, wann immer möglich, selbst bestimmen, wenn sie/er ...
- Gebt ihr/ihm Zeit, wenn sie/er noch nicht ...
- Haltet euch heraus, wenn sie/er etwas alleine schaffen kann ...

- Gebt ihr/ihm Anerkennung, wenn sie/er stolz ist, dass …
- Überfordert sie/ihn nicht, wenn sie/er …
- Respektiert, dass sie/er noch ein Kind ist, wenn sie/er …
- Setzt ihr/ihm klare Grenzen und begründet diese, wenn sie/er …
- Respektiert ihre/seine Grenzen, wenn sie/er …
- Achtet darauf und gebt ihr/ihm, was sie/er wirklich von euch braucht, wenn sie/er …

Als Erwachsener befinden Sie sich sozusagen auf Augenhöhe mit den Eltern – ein hilfreicher Wechsel der Perspektive. Aus dieser Position heraus für das verletzte Kind einzutreten, bedeutet ein Schlüsselerlebnis. Kaum jemand anderer hat nämlich solche Macht über die Gefühle und Gedanken des Kindes wie die Eltern. Das alte Muster zu durchbrechen hat unweigerlich Auswirkungen auf die Gegenwart: Es hilft, die Angst vor Menschen zu mindern und zu einem größeren Einklang mit sich selbst zu finden. Man kann dies als große Befreiung erleben. Aus der Fürsorge für das innere Kind entwickelt sich allmählich eine achtsamere Haltung uns selbst gegenüber, gerade in Situationen schwer erkennbarer Bedürfnisverletzungen.

Sie fragen sich nun möglicherweise: Habe auch ich meinen Eltern noch etwas Wichtiges zu sagen, möchte ich das und kann ich damit ihr Ohr erreichen? Vielleicht leben Ihre Eltern gar nicht mehr oder sind schon alt. Sie wollen sie möglicherweise nicht mehr belasten oder Sie sind überzeugt, dass sie kein Verständnis für Ihre früheren kindlichen Nöte aufbringen werden und sich nur in Rechtfertigungen oder Verharmlosungen flüchten. Ihr Wunsch, wenigstens im Nachhinein Verständnis für die erlebten Frustrationen zu erfahren, könnte tatsächlich unerfüllt bleiben. Sollten Ihre Eltern noch leben, überlegen Sie, ob ein direktes Gespräch möglich ist. Es kann ja durchaus sein, dass diese mit dem Älterwerden offener und einfühlsamer geworden sind. Vermutlich stehen sie nicht mehr so unter dem Stress des Existenzaufbaus und der Erziehungsverantwortung. Vielleicht konnten Sie – eventuell auch mit etwas Neid – beobachten, zu welch liebevollem Umgang mit den Enkeln sie heute fähig sind.

Entscheidend ist aber letztlich, ob Sie selbst eine Form finden, das in den frustrierenden Momenten der Kindheit nicht Gesagte zum Ausdruck zu bringen. Allein darin kann schon eine wesentliche Befreiung liegen.

In die Rolle des fürsorglichen Erwachsenen zu schlüpfen bedeutet, dass Sie sich anders definieren, wohl auch fühlen, stärker und gleichberechtigt, wie gesagt auf Augenhöhe mit den eigenen Eltern, nicht die Blickrichtung des Kindes einnehmen, das immer aufschauen musste. Mit Ihren Worten an die Eltern achten Sie das empfindsame Kind in sich selbst – ein nicht zu unterschätzender Beitrag für das Grundbedürfnis nach Selbstachtung.

Falls Sie Gelegenheit dazu haben, sprechen Sie auch mit guten Freunden über deren kindliche Notsituationen. Kein Mensch bleibt davon verschont, da es die perfekten Eltern nicht gibt. Es erweitert Ihr Verständnis für sich selbst, wenn Sie sich ähnliche Erfahrungen anderer vergegenwärtigen können. Jedes verständnisvolle Gespräch kann hilfreich sein.

Sollten Sie das Gespräch mit den Eltern schon gesucht und dabei die Erfahrung gemacht haben, dass sie sich nicht mit den »alten Geschichten« beschäftigen wollten und abwehrten oder sich gleich angegriffen fühlten, dann schlage ich Ihnen Folgendes vor: Sie bitten die Eltern, nichts zu sagen, solange Sie nicht ausgeredet haben – auch wenn das länger dauern sollte. Betonen Sie, wie wichtig Ihnen das ist. Bieten Sie umgekehrt auch Ihren Eltern an, ohne Unterbrechung antworten zu können. Erzählen Sie ihnen, falls es Ihnen zweckdienlich erscheint, von diesem Buch, das Sie gerade über wichtige Bedürfnisse nachdenken lässt und das Sie zur Reflexion früherer Erlebnisse veranlasst hat. Versuchen Sie Ihre Eltern nicht als Angeklagte zu behandeln, die Ihnen nicht das gegeben haben, was Ihnen zugestanden hätte, schon gar nicht als die Schuldigen für heutige Schwierigkeiten. Das brächte Ihre Eltern naturgemäß in Rechtfertigungsdruck und könnte bei diesen Selbstschutzprogramme wie Rückzug aktivieren.

Ein Eintreten für das Kind, als Niederschrift oder im Gespräch, kann den Weg für eine eventuell notwendige Aussöhnung bereiten. Ein Blick zurück im Zorn, das wäre zu wünschen, könnte dann einer wohlwollenderen Betrachtung weichen.

Abkehr von der Schuldfrage

Könnten Sie Enttäuschungen durch Ihre Eltern überwinden und sich, falls nötig, mit ihnen aussöhnen? Prüfen Sie, ob eine der folgenden Aussagen auf Sie zutrifft:

»Dazu bin ich gerne bereit.«
»Kann man versuchen – bei einer günstigen Gelegenheit.«
»Nicht jetzt, vielleicht später.«
»Ich habe schon alles probiert.«
»Das reißt nur alte Wunden auf.«
»Mit denen kann man über so was nicht reden.«
»Die streiten ja alles ab.«
»Der Zug ist abgefahren.«
»Keinesfalls!«

Auf welcher Stufe dieser Treppe von möglichen Stellungnahmen finden Sie sich wieder? Sollten Sie sich entschlossen haben, mit Ihren Eltern oder anderen wichtigen Bezugspersonen das bisher vermiedene Gespräch zu suchen, sind Sie schon weit gekommen. Im Grunde weiß jeder, dass es besser wäre, keinen alten Groll und keine Schuldvorwürfe mit sich herumtragen zu müssen. Nachgewiesenermaßen ist Aussöhnung für Leib und Seele gesund. Wer vergangene Enttäuschungen nicht überwindet, belastet nicht nur die Beziehung zu seinen Eltern, sondern neigt auch im gegenwärtigen Miteinander zu Schuldzuschreibungen.

Allerdings kann Aussöhnung alles andere als einfach sein:

- Man kann seine abweisende Haltung als Zeichen von Selbstbehauptung empfinden, Aussöhnung entsprechend als Schwäche,
- man kann Schuldzuschreibungen als Entlastung von Selbstverantwortung erleben,

- man kann Aussöhnung fälschlich als ein Freisprechen von Schuld interpretieren oder
- man kann Angst vor einer weiteren Verletzung aufgrund von neuerlichem Unverständnis haben.

Diese Hürden können sehr hoch oder der Zeitpunkt für einen solchen Schritt noch nicht gekommen sein. In Zeiten hoher Belastungen oder geringer Lebenszufriedenheit ist ein Schritt in Richtung Aussöhnung wenig erfolgversprechend. Dann könnte es sinnvoll sein, dieses Anliegen zurückzustellen. Mit einer ausgeglicheneren Bedürfnisbilanz und gestiegenem Selbstvertrauen kann Ihnen die Entscheidung leichter fallen.

Wenn Sie aber jetzt schon die Bereitschaft verspüren, Ihre in einigen Punkten kritische Haltung gegenüber Eltern oder anderen Personen zu verändern, so können Sie folgende Anregungen nutzen:

- Machen Sie sich klar, dass Sie nichts entschuldigen müssen.
- Versuchen Sie die Haltung eines Betrachters einzunehmen, der aus sicherem Abstand der belastenden Vergangenheit gegenübertritt.
- Versuchen Sie sich in die damalige Situation Ihrer Eltern hineinzuversetzen. Je größer Ihr Einfühlungsvermögen in die andere Person ist, umso eher kann Ihr Groll nachlassen. Überdenken Sie dabei die Schwierigkeiten und Belastungen, denen Ihre Eltern vielleicht ausgesetzt waren.
- Machen Sie sich nicht davon abhängig, wie Ihre Eltern auf Kritik reagieren könnten. Versuchen Sie, auch deren Selbstschutzprogramme nachzuvollziehen.
- Machen Sie sich nicht davon abhängig, was andere Menschen von Ihrem Bemühen halten.
- Denken Sie darüber nach, ob Sie nicht auch schon selbst einmal andere Menschen enttäuscht haben und Ihnen dies verziehen worden ist.
- Vergegenwärtigen Sie sich nochmals all das Gute, das Ihnen Ihre Eltern haben zuteil werden lassen.

Die Verarbeitung von Enttäuschungen ist ein längerer Prozess. Sie tun gut daran, sich dafür Zeit zu nehmen. Sinnvoll ist es, Ihre Gedanken und Gefühle in ein Tagebuch zu schreiben oder diese in einem Brief an die Eltern, den Sie nur für sich schreiben, festzuhalten.

Wenn Sie sich auf diese Empfehlungen einlassen können und wollen, erschließen Sie sich eine Quelle innerer Freiheit und ein Gefühl großer Erleichterung.

Das innere Gleichgewicht stabilisieren: Die Stärkung Ihrer Persönlichkeit

Neben dem Wunsch, in einer konkreten Mücken-Situation mit der eigenen Verletzbarkeit besser zurechtzukommen, können Sie sich auch längerfristige Ziele setzen und Ihr Entwicklungspotenzial ausbauen. Beschäftigen wir uns abschließend mit Ihrer Bedürfnisbilanz und Ihrer Energieverteilung: Was können diese zu Ihrem inneren Gleichgewicht beitragen?

■ Die Bedürfnisbilanz: Möglichkeiten einer verbesserten Balance

Das Ideal wäre – dem wird jeder zustimmen können – im Einklang zu leben mit seinen eigenen Grundbedürfnissen und denen seiner Mitmenschen. Wie jedes Ideal ist eine solche Balance eine nicht dauerhaft erreichbare Zielvorstellung, die uns aber als Leitbild dienen kann. Es handelt sich also eher um ein fließendes, als um ein stabiles Gleichgewicht. In uns selbst, wie auch in Bezug zu anderen stehen Bedürfnisse in einem unauflöslichen Spannungsverhältnis zueinander. Es ist wie bei einem Boot, mit dem wir ein Gewässer befahren wollen: Packen wir zu viel hinein, wird es manövrierunfähig oder geht unter, verteilen wir die Lasten ungleichmäßig, gerät es in Schieflage. Nicht alles, was Ihnen wichtig ist, kann in jedem Augenblick Ihres Lebens erfüllbar sein, d.h. jede zusätzliche Bedürfniserfüllung bedeutet einen relativen Verzicht in Bezug auf andere Bedürfnisse.

Beim Blick auf Ihre Bedürfnisbilanz verspüren Sie wahrscheinlich verschiedene Impulse, etwas zu ändern. Da niemand alles auf einmal ändern kann, möchte ich Ihnen vorschlagen, zunächst wiederum ein Bedürfnis in den Mittelpunkt zu rücken, dem Sie besondere Beachtung schenken wollen. Nehmen wir also Ihre Bilanz genauer unter die Lupe!

Um festzustellen, wo Sie etwas verändern möchten und welche Verschiebungen in Ihrer Bedürfnisbilanz daraus resultieren, möchte ich Ihnen ein Modell vorstellen, das von dem Psychologen Paul Helwig entwickelt und von Friedemann Schulz von Thun zu einem »Entwicklungsquadrat« erweitert wurde. Es ist bestens geeignet, das Thema »Bedürfniskonflikte« auf den Punkt zu bringen und Ihre Prioritäten bezüglich Ihrer Grundbedürfnisse herauszufinden.

Helwig geht von der Überlegung aus, dass jeder Wert (jede menschliche Qualität) in einem ausgewogenen Spannungsverhältnis zu einem positiven Gegenwert stehen muss, wenn er sich konstruktiv entfalten soll. Diesen Gedanken findet man übrigens schon in der griechischen Philosophie bei Aristoteles. Beispiel: Die Fähigkeit sich durchzusetzen bedarf für ein konstruktives menschliches Miteinander der Ergänzung durch die Fähigkeit der Rücksichtnahme. Durchsetzungsfähigkeit und Rücksichtnahme sind Gegensätze, die sich in einer dialektischen Spannung gegenüberstehen. Die eine ohne die andere Eigenschaft kann einen negativen Charakter bekommen, wenn sie in übertriebener Weise ausgelebt wird. In unserem Beispiel kann man die Übertreibung der Durchsetzungsfähigkeit als rücksichtslosen Egoismus bezeichnen, auf der anderen Seite kann Rücksichtnahme zu vollständiger Selbstaufgabe verkommen. Damit haben wir vier Eigenschaften, zwei positive, die sich dialektisch ergänzen, und zwei negative als ihre jeweiligen Übertreibungen. Daraus ergibt sich nach Helwig ein »Wertequadrat«, das diese vier Eigenschaftsausprägungen in Beziehung setzt. Das positive, aber gegensätzliche Eigenschaftspaar wird in der oberen Ebene gegenübergestellt, die entwertenden Übertreibungen finden sich in der unteren Ebene. Die Pfeile deuten an, welche Eigenschaften in einem Spannungsverhältnis zueinander stehen.

Beispiel für ein Wertequadrat nach Helwig:

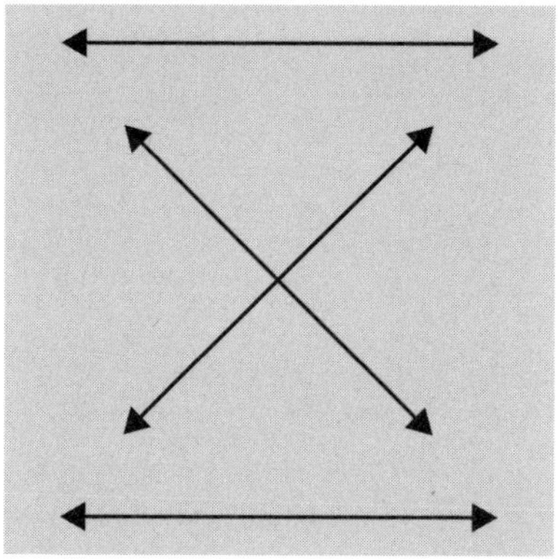

Würde beispielsweise eine Person dazu neigen, ihre eigenen Interessen immer hintanzustellen, so würde es ihr sowohl an angemessener Rücksichtnahme wie auch an Durchsetzungsfähigkeit mangeln. Würde sie es jedoch satthaben, sich immer nur nach anderen zu richten, und beschließen, künftig auf niemanden mehr Rücksicht zu nehmen, würde sie ihre Tendenz zur Selbstaufgabe mit der Kehrtwendung in rücksichtslosen Egoismus gewissermaßen überkompensieren. Im Sinne einer positiven Entwicklung wäre es für diese Person empfehlenswert, sowohl ihre Fähigkeit zur Durchsetzung eigener Bedürfnisse zu verbessern, als auch sich die Freiheit zu nehmen, je nach Konfliktlage Rücksicht walten zu lassen.

Übertragen wir nun diesen Gedanken auf die Bedürfnisebene, so lässt sich in Anlehnung an das Wertequadrat ein »**Bedürfnisquadrat**« erstellen: Jedes Bedürfnis ist nicht für sich allein schon das Maß aller Dinge, sondern ihm steht ein anderes, ebenfalls wichtiges Bedürfnis gegenüber, mit dem es sich in einem Spannungsverhältnis befindet (obere Ebene). Beide Bedürfnisse sind berechtigt und werden im günstigen Fall in angemessener Weise zum Ausdruck gebracht. Ist die Art und Weise, wie ein Bedürfnis zum Ausdruck kommt, dagegen übertrieben, unklar oder gar

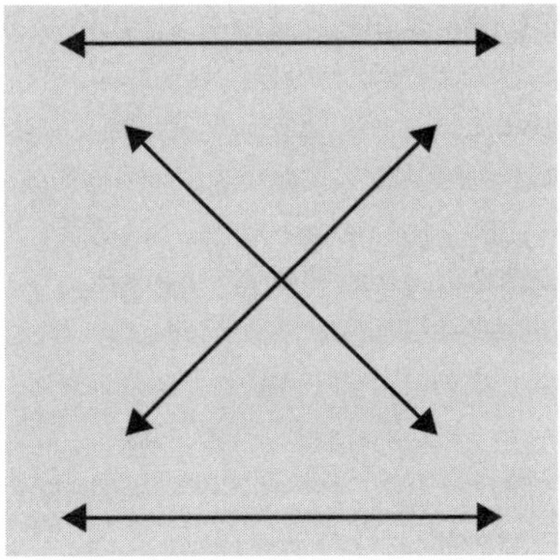

ins Gegenteil verkehrt, dann steht dies einer ausgeglichenen Bedürfniserfüllung im Wege und ist daher dysfunktional (untere Ebene). Man zeigt sich schwächer, als man ist, wenn man den anderen braucht, man zieht sich zurück, wenn man Zuwendung vermisst, man greift an, wenn man Verständnis bräuchte – dies sind Beispiele für solch ungünstige Kanalisierungen eines Bedürfnisses. Das Verhalten dient in erster Linie der Spannungsreduktion.

Nehmen wir das Bedürfnis nach Selbstachtung. Es bedarf als positivem Gegenpol der Wertschätzung, die man anderen entgegenbringt. Eine übertriebene Ausrichtung auf Selbstachtung könnte zu Egozentrismus verkommen, einseitige Wertschätzung anderen gegenüber in übertriebene Lobhudelei münden.
Betrachten wir als weiteres Beispiel das Bedürfnis nach Sicherheit. Würde dieses alleinige Gültigkeit beanspruchen, bliebe z.B. die Neugier auf der Strecke. Beide Bedürfnisse erfordern eine Ergänzung durch das jeweils andere. Im Bedürfnisquadrat bilden Sicherheit und Neugier in ihrer Polarität wieder die beiden oberen Ecken des Quadrats.

Die beiden anderen Eckpunkte finden wir, indem wir uns diese beiden Bedürfnisse in übertriebener oder entstellender Form vergegenwärtigen: Sicherheit verkäme z.B. zu ausschließlicher Gefahrenvermeidung, Neugier zu einer rastlosen Gier nach immer Neuem. Beide Erscheinungsformen, Gefahrenvermeidung

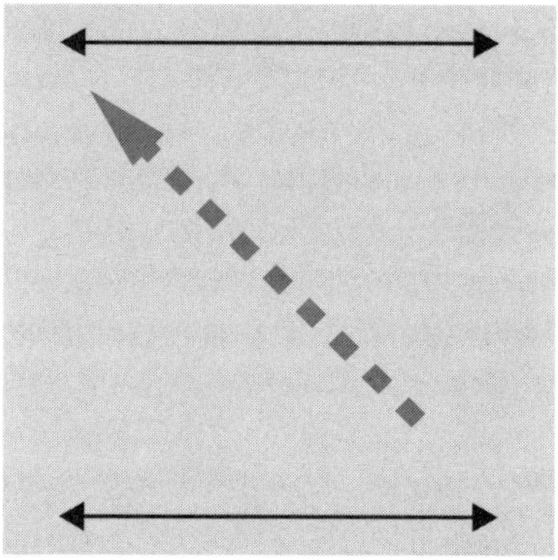

und rastlose Gier nach immer neuen Reizen, wären einseitig und übertrieben, dienten daher nicht einer ausgeglichenen Balance zwischen den Bedürfnissen nach Sicherheit und Neugier.

Neu ist in dem obigen Quadrat der breite Pfeil (angeregt durch das Modell von Schulz von Thun). Er bringt ein sinnvolles Entwicklungspotenzial zum Ausdruck. Würde sich jemand tendenziell rechts unten einordnen, wäre es für ihn ein konstruktiver Entwicklungsschritt, dem eigenen Sicherheitsbedürfnis mehr Beachtung zu schenken.

Hier schließt sich gedanklich ein Kreis: *In der übertriebenen oder deformierten Art und Weise, wie ein Bedürfnis zum Ausdruck kommt, begegnen wir den Verhaltensweisen wieder, die wir bereits in den Selbstschutzprogrammen kennengelernt haben (siehe S. 144)*. Die Übertreibung des Sicherheitsbedürfnisses führt nicht zu wirklicher Sicherheit. Solch ein Verhalten spiegelt die Angst vor Unsicherheit, nicht aber vernünftiges, sicherheitsorientiertes Handeln.

Bevor Sie Ihr eigenes Bedürfnisquadrat ermitteln, möchte ich auf die Themen eingehen, die in den Bedürfnisquadraten unserer Hauptpersonen von Bedeutung sind. Sie spiegeln jeweils eine individuelle Bedürfnislage, beanspruchen daher keine allgemeine Gültigkeit. Der breite Pfeil deutet wieder die von den Personen gewünschte Entwicklungsrichtung an. Man kann sich natürlich auch mehrere Pfeile vorstellen, wenn für eine ausgeglichene Balance verschiedene Ziele zu beachten sind. Darüber hinaus werde ich kurz skizzieren, welche konkreten Handlungsschritte sich daraus ergaben. Eine kleine Übung leitet dazu an, einen ersten Schritt in Richtung Veränderung zu unternehmen. Vielleicht ergeben sich daraus auch für Sie Änderungsimpulse.

Für jedes der folgenden Bedürfnisquadrate wurde das zentrale Grundbedürfnis der jeweiligen Person bestimmt, das im individuellen Elefanten zum Ausdruck kam, und in die linke obere Ecke platziert. Diesem wurde dann jenes Grundbedürfnis gegenübergestellt, das für eine ausgewogene Bedürfnisbilanz eine notwendige Ergänzung darstellt (rechte obere Ecke). Auf der unteren Ebene findet sich links als dysfunktionale Ausprägung des Bedürfnisses das Selbstschutzprogramm und rechts eine dysfunktionale Erscheinungsform zum ergänzenden Grundbedürfnis. Auch diese kann bei manchen Menschen Teil eines Selbstschutzprogramms sein: Bei Peter, Anna, Stefan und Sibylle ist dies der Fall: Ihr Verhalten lässt auf eine Verletzung beider, an den oberen Ecken genannter Bedürfnisse schließen, ihr Selbstschutzprogramm enthält also Anteile, die sowohl dem Schutz des einen wie des anderen Bedürfnisses Rechnung tragen (siehe die entsprechenden Bedürfnisquadrate).

Wählen Sie wieder aus, welche Personen Sie im Laufe der Lektüre besonders interessiert haben, d.h. konzentrieren Sie sich vorzugsweise auf die für Sie relevanten Themen.

Die 7 Elefanten als nützliche Leittiere

1. Sich geborgen fühlen und/oder sich selbst behaupten? (Elisabeths Bedürfnisquadrat)

Angst vor Ablehnung ist ein weit verbreitetes Gefühl. Sich dem anderen mit seiner eigenen Meinung und seinem Willen zuzumuten, ist nicht ohne Risiko. Dazu bedarf es Selbstvertrauen und Konfliktbereitschaft.

Elisabeths Bedürfnis nach Geborgenheit führte zu dem übertriebenen Bemühen, es immer allen Menschen recht machen zu wollen. Sie tendierte dazu, allen nach dem Munde zu reden. Dem Bedürfnis nach Abgrenzung hatte sie die Vermeidung von Ärgergefühlen als Selbstschutzprogramm zugeordnet.

Ihr Bedürfnisquadrat zeigt diese Zusammenhänge:

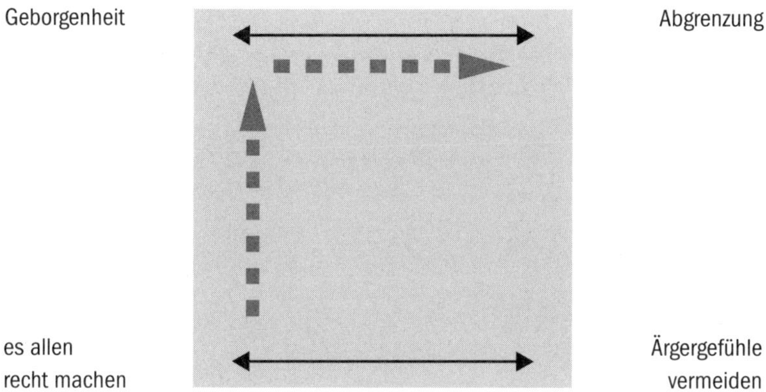

Für Elisabeth war es ein wichtiges Entwicklungsziel, sich besser abzugrenzen. Sie lernte, mehr auf ihre Gefühle und Bedürfnisse zu achten und die dabei auftretende Angst und Unsicherheit zu überwinden. Indem sie selbstsicheres Verhalten und angemessene Selbstbehauptung einübte, stärkte sie ihre Autonomie. Ihr einseitiges Bedürfnis nach Geborgenheit verlor so an Bedeutung.

Übung »Differenzieren«:
Elisabeth erstellte eine Liste mit zehn Personen ihres Bekanntenkreises und überlegte sich, wie wichtig es ihr ist, von diesen Personen gemocht zu werden. Was würde im schlimmsten Fall passieren, wenn die eine oder andere Person sie nicht schätzen oder ablehnen würde? Lernziel: Korrektur der festgefahrenen Überzeugung, alle Menschen müssten sie ausnahmslos mögen.

2. Geachtet werden und/oder sich selbst achten? (Stefans Bedürfnisquadrat)

Einen geachteten Sozialstatus zu erlangen, ist für viele ein hohes Gut. Bleibt dieser aber die wichtigste Quelle für das Selbstwertgefühl, hängt man am Tropf ständiger Bestätigung durch andere. Bleibt sie aus, so stürzen wir in Selbstzweifel mit der möglichen Folge von Depressionen oder aggressiver Auflehnung.

Stefan war geprägt durch Statusdenken. Auf diesem Gebiet kämpfte er mit wenig erfolgversprechenden Mitteln um Wertschätzung. Zu gering ausgeprägt war seine Selbstachtung. Sein Bedürfnis nach Wertschätzung kam häufig durch aggressive Forderungen und Herabsetzung anderer zum Ausdruck.

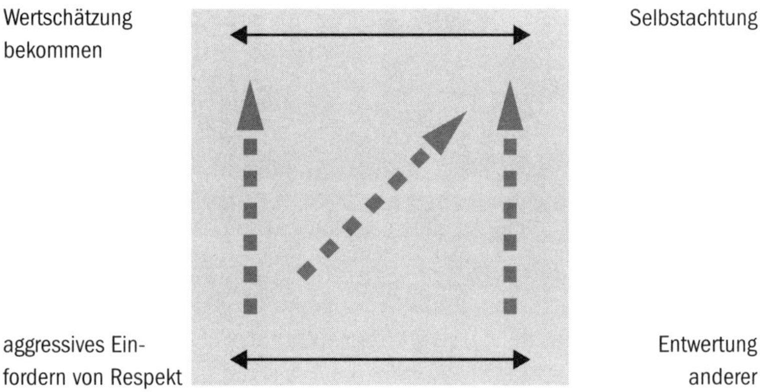

Wichtig war für ihn, seine Aufmerksamkeit auf jene Stärken und Ressourcen zu fokussieren, die nicht auf Statussymbolen beruhen. Er lernte, stolz zu sein auf seine Leistungen und sich bewusst zu machen, dass er für die ihm nahestehenden Personen auch ohne Sechszylinder ein wertvoller Mensch ist. Da sich in seinem tendenziell negativen Bild von anderen seine mangelnde Wertschätzung sich selbst gegenüber widerspiegelte, wuchs mit zunehmender Selbstachtung auch sein Wohlwollen anderen gegenüber, die dieses wiederum zu schätzen wussten und ihm freundlicher begegneten.

Übung »Loben«:
Stefan nahm sich vor, jemanden, den er oft herabgesetzt hatte, bei passender Gelegenheit für eine Leistung zu loben. Lernziel: Wertschätzung zu äußern. Dies ermöglichte ihm die Erfahrung, dass seine Meinung anderen etwas bedeutet.

3. Sich abgrenzen und/oder füreinander da sein? (Peters Bedürfnisquadrat)

Wie bei jedem Konflikt gibt es für die Lösung kein Patentrezept: Immer wieder aufs Neue müssen wir uns fragen, ob wir uns durch Bedürfnisse anderer vereinnahmen lassen und die Selbstfürsorge vernachlässigen oder ob wir uns zu sehr abgren-

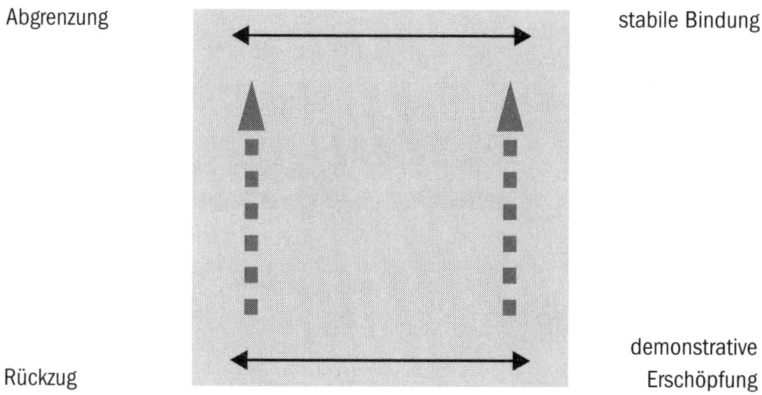

zen und den anderen im Regen stehen lassen. Sind Menschen in ausgeglichener Weise füreinander da, wird jeder zufrieden sein, auch wenn es Zeiten geben mag, in denen der eine oder andere mal zurückstehen muss (z.B. bei Krankheit oder zeitweiliger Überlastung). Geben und Nehmen bleibt dann ausgewogen. Schwieriger wird es, wenn wir Gefahr laufen, uns aus Sorge um den anderen selbst zu vernachlässigen oder die Selbstachtung zu verlieren: Spätestens dann müssen wir uns gegenüber unangemessenen Erwartungen abgrenzen, um unser Gleichgewicht nicht zu gefährden.

Peters Bedürfnisse sowohl nach Abgrenzung wie auch nach stabiler Bindung sind durch die Unzufriedenheit seiner Frau gefährdet, was er aber nicht angemessen artikulieren kann. Sein Verhalten ist ein Rückgriff auf die alten Schemata aus den Konflikten mit seiner Mutter: Einst verhalfen ihm die Klagen über Magenbeschwerden zur Versöhnung mit seiner gekränkten Mutter. Statt der Magenbeschwerden sind es heute seine Erschöpfungssignale, mit denen er seine Angst vor Liebesentzug (wenn auch in sehr entstellter Form) zum Ausdruck bringt – nach dem Motto: »Sei nett und verständnisvoll und verlange nichts von mir, wenn ich so erschöpft bin!«

Wenn jemand derart seine Müdigkeit unterstreicht, kann dies – wie bei Peter – gleichzeitig ein Bedürfnis nach Rückzug und damit Abgrenzung ausdrücken. Keines der genannten Bedürfnisse konnte er aber offen zeigen: Sein Verantwortungsgefühl für seine Frau stand ihm im Wege, übersteigert durch frühere Schuldgefühle gegenüber seiner Mutter. In diesem für ihn schwer durchschaubaren Bedürfnisgemisch konnte er sich weder angemessen abgrenzen noch um Verständnis für seinen momentanen Zustand bitten noch wirkliches Verständnis für seine Frau aufbringen.

Wichtige Entwicklungsschritte waren für ihn, Schuldgefühle abzubauen, indem er offene Konfliktgespräche führte und sein Bedürfnis nach Verständnis und Geborgenheit artikulierte. So gelang es ihm, sich nicht nur in der Partnerschaft konstruktiv abzugrenzen, sondern sich auch beruflich vor Überforderung zu schützen. Er kam so mit sich selbst ins Reine, was ihm den Blick für die Bedürfnisse seiner Frau ermöglichte.

Übung »Einfach nur zuhören«:
Peter gewöhnte sich an, seine Frau des Öfteren zu fragen, wie es ihr geht. Wichtig war, dass er sich einfach nur anhörte, was sie erzählte, ohne gleich mit Ratschlägen einzugreifen. Lernziel: eine mögliche Unzufriedenheit seiner Partnerin erst einmal auszuhalten.

4. Gemocht werden und/oder seinen eigenen Weg gehen? (Annas Bedürfnisquadrat)

Es ist leicht, gemocht zu werden, wenn man so ist, wie es den Wunschvorstellungen der anderen entspricht. Und es ist verhängnisvoll, wenn man sich selbst verleugnet, um diesen Vorstellungen gerecht zu werden. Wenn sich ein Partner um der Eigenständigkeit willen nicht (mehr) anpasst, werden die Liebe und die Wertschätzung auf eine entscheidende Bewährungsprobe gestellt.

Davor hatte Anna Angst; sie traute sich nicht, ihre Unzufriedenheit offen zu thematisieren. Ihre bisherigen Lösungsversuche (Perfektionismus im Haushalt als überkommener Versuch, die Gunst der Mutter zu gewinnen, und Herumnörgeln an Kleinigkeiten als Ausdruck frustrierter Selbstbestimmung) führten in eine Sackgasse, da sie weder dafür gemocht und wertgeschätzt wurde noch ihr Leben selbst bestimmen konnte. Ihr nörglerisches Verhalten zielte zwar oberflächlich auf die Respektierung ihres Ordnungsbedürfnisses, wurde aber untergründig gespeist aus ihrer Lebensunzufriedenheit. Der Ärger über ihren Mann war leichter zu ertragen als das Eingeständnis tiefer Enttäuschung.

Da Annas Kinderwunsch bisher nicht in Erfüllung gegangen war, bedurfte es für sie (und ihren Mann) einer Neuorientierung. Angesichts ihrer hohen beruflichen Kompetenzen war für sie ein beruflicher Wiedereinstieg der Schlüssel zur Erfüllung der genannten Grundbedürfnisse. Der Haushalt wurde in der Folge zu einer partnerschaftlichen Aufgabe. Das Bedürfnis nach mehr gemeinsamem Erleben verspürten beide, sie nahmen sich gezielt mehr Zeit füreinander (was, mit etwas Glück, auch dem Kinderwunsch zugutekommen könnte).

Übung »Loslassen«:
Anna nahm sich vor, einen Tag in der Woche keine Aufgaben zu erledigen, spontanen Wünschen nachzugehen, keinen »Sachzwängen« zu folgen. Sie erlaubte sich auch, mal später als Peter nach Hause zu kommen.

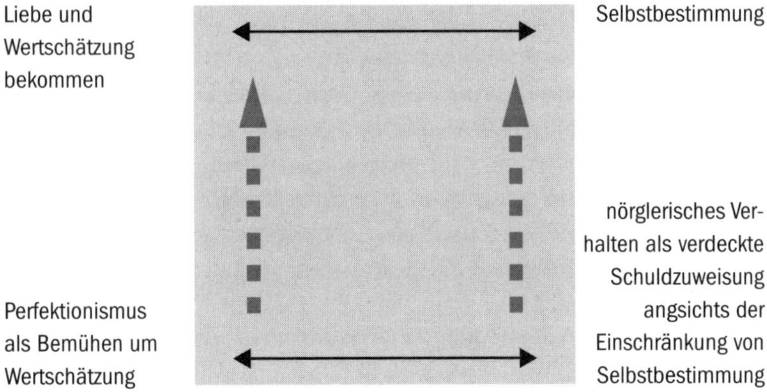

Lernziel: dem eigenen Wohlbefinden Vorrang einzuräumen und selbstbestimmt Bedürfnisse zu befriedigen, die nicht mit Pflichterfüllung verbunden sind.

5. Dazugehören und/oder unabhängig sein? (Sebastians Bedürfnisquadrat)

Diese Frage kann uns auf eine harte Probe stellen: Wenn alle etwas tun, was man selbst ablehnt, steht man schnell allein – oder passt sich eben an. Unabhängigkeit erfordert manchmal Mut, aber vielleicht ist es einen Gedanken wert, ob man zu den Unabhängigen gehören möchte …

Sebastian versuchte, einseitig sein Bedürfnis nach Zugehörigkeit dadurch zu befriedigen, dass er sich gebraucht fühlte. Zu sehr hatte er sein berufliches Engagement danach ausgerichtet. Beruhte doch seine Bereitschaft (oder auch: seine Verführbarkeit), zusätzliche Aufgaben zu übernehmen, auf der fälschlichen Erwartung, Pluspunkte auf seinem Beliebtheitskonto zu sammeln.

Für Sebastian war es wesentlich, sein Autonomiebedürfnis (besonders Selbstachtung und Selbstbestimmung) zur Geltung zu bringen. Motiviert durch seine gewünschte Energieverteilung, begann er am Arbeitsplatz öfter Nein zu sagen und bremste so seinen alten Impuls, sich bei Problemen immer gleich als Retter

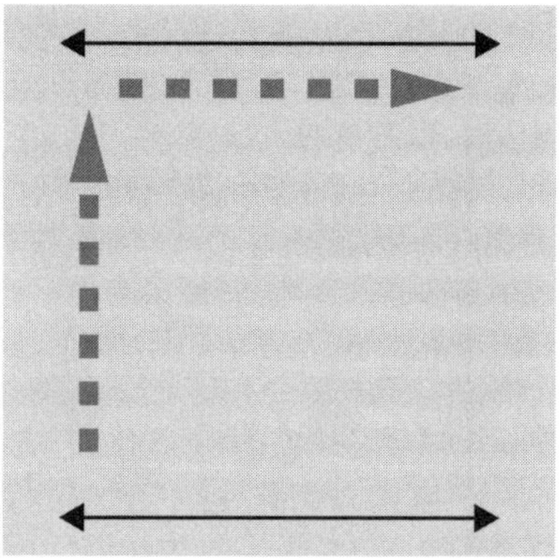

in der Not anzubieten. Dadurch gewann er Zeit und Energie, soziale Bindungen zu intensivieren (was auch seiner Ehe zugutekam) und das Zusammensein mit anderen als eine Bereicherung zu erleben, die nicht von irgendeiner Leistung abhing.

Übung »Nein sagen«:
Sebastian übte, an ihn gerichtete Erwartungen ohne Begründung abzulehnen. Er probierte Sätze aus wie: »Das kann jemand anderes machen.« Oder: »Im Moment sind mir andere Dinge wichtiger.« Lernziel: die mögliche Frustration des anderen zu ertragen.

6. Gerechtigkeit über alles stellen und/oder seinen eigenen Vorteil suchen (Sibylles Bedürfnisquadrat)

Wenn alle zur gleichen Zeit dasselbe haben wollen, kann man sich streiten, kann man versuchen, mit dem, was übrig bleibt, zufrieden zu sein, oder man bemüht sich um gerechte Verteilung. Wer aber hat die Macht, die individuellen Egoismen in die Schranken zu weisen? Früher vielleicht die Eltern, heute bedarf es eines gemeinsamen Willens aller Beteiligten. Aber auch dann ist es nicht einfach, einen Konsens zu finden, was als gerecht anzusehen sei. Jeder hat seine eigenen Vorstellungen, was ihm oder anderen zusteht. Wenn einer denkt, er käme ohnehin immer zu kurz, wird er schwerlich zufriedenzustellen sein, ein anderer, der

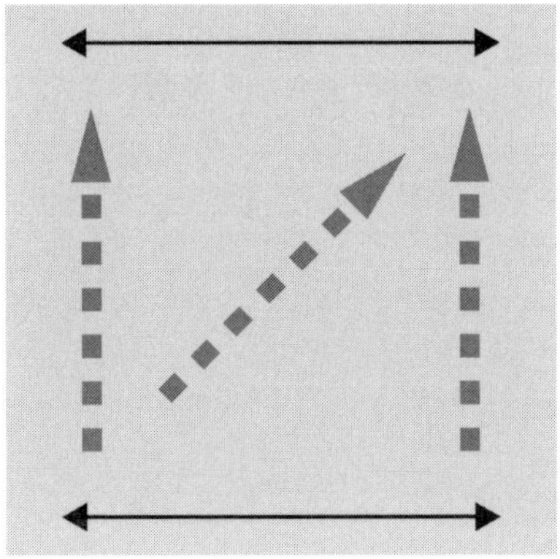

sich stets nimmt, was er braucht, wird sich vielleicht wenig um Gerechtigkeit scheren.

Die anerzogene, unbedingte Rücksichtnahme auf andere stand Sibylles Bedürfnis nach Gleichbehandlung und Selbstbehauptung im Weg. Ersteres verwandelte sich in ein Gefühl moralischer Überlegenheit, Letzteres verkümmerte in ihren aggressiven Phantasien.
Wichtige Entwicklungsschritte waren für Sibylle, ihre eigenen Bedürfnisse zu achten und angemessen zu vertreten. Das Bedürfnis nach Gleichbehandlung und Gerechtigkeit wollte sie nicht mehr auf dem Altar moralischer Überlegenheit opfern, sondern das Prinzip »gleiches Recht für alle« auch für sich selbst einfordern. Schließlich erlaubte sie sich sogar, gelegentlich einen eigenen Vorteil zu ergattern. Auch konnte sie ausprobieren, wie befreiend es sein kann, einmal in der kritischen Situation »Dampf abzulassen«.

Übung »Sich selbst behaupten«:
Sibylle übte, in einer Warteschlange (an der Kasse etc.) freundlich zu bitten, vorgelassen zu werden, da sie es wegen … sehr eilig habe. Lernziel: offene Bedürfnisäußerung in angemessener Form einzuüben. Frustrationen ertragen zu lernen und sich nicht von mangelndem Entgegenkommen abschrecken zu lassen.

7. Alleine zurechtkommen und/oder auf Mitmenschen angewiesen sein? (Markus' Bedürfnisquadrat)

Hier begegnen wir besonders ausgeprägt dem Spannungsverhältnis von Abhängigkeit und Unabhängigkeit. In unserer arbeitsteiligen Gesellschaft ist natürlich jeder in vielfältiger Weise von anderen abhängig. Dies gilt uns als selbstverständlich und stört uns nur dann, wenn etwas nicht so funktioniert, wie wir es gewohnt sind: Die Bahn fährt nicht pünktlich, eine Ware ist ausverkauft, jemand hält sich nicht an seine Zusage. Manche Frustrationen nehmen wir nicht persönlich, andere dagegen empfinden wir als Missachtung unserer Person. Letzteres bleibt nicht ohne Folgen: Wir fordern ein, bestrafen den Verursacher,

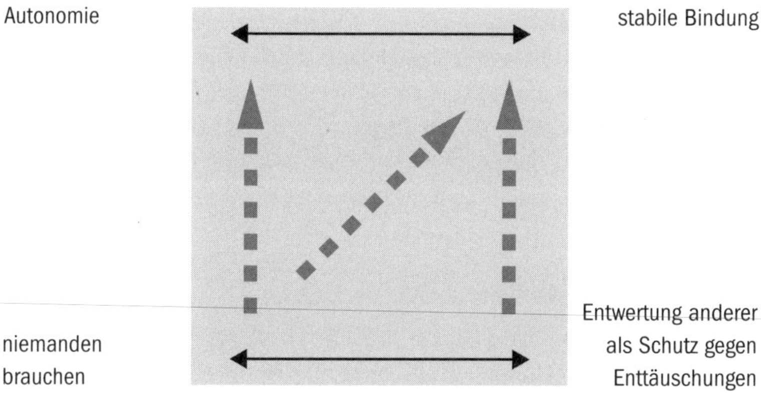

ziehen uns enttäuscht zurück. Oder aber wir finden einen konstruktiven Weg, um von anderen zu bekommen, was wir brauchen, oder auch eine Enttäuschung zu akzeptieren.

Markus' aus der Not geborene Fähigkeit, im Leben alleine zurechtzukommen, mündete in Einsamkeit, der Preis für den Schutz vor weiteren Enttäuschungen. Seine Entwertung anderer erscheint als Saure-Trauben-Reaktion.

Um seine Einsamkeit zu überwinden, war es für Markus sinnvoll, sich auf seine Fähigkeiten zu besinnen. Seine handwerklichen

Kompetenzen als ehemaliger Hausmeister bot er über einen Aushang im Supermarkt an. Für andere Menschen nützlich zu sein, brachte ihn in Kontakt, diente der Selbstbestätigung und bedeutete ein kleines finanzielles Zubrot. Dabei konnte er seine Angst überwinden, enttäuscht zu werden, schließlich war seine Hilfe gefragt. Im Kontakt mit anderen konnte er soziale Fähigkeiten neu entdecken und sein negatives Menschenbild korrigieren. Und schließlich vermochte er auch manchmal zu riskieren, selbst jemanden um einen Gefallen zu bitten. Jede positive zwischenmenschliche Begegnung brach die alten Selbstschutzprogramme auf und weitete seinen Erfahrungsraum außerhalb seiner »häuslichen Höhle«.

Übung »Kontakt aufnehmen«:
Markus ließ beim Spaziergang seinen jungen, spielfreudigen Hund manchmal von der Leine und mit anderen Hunden herumtollen. Das brachte ihn mit anderen Hundebesitzern ins Gespräch. Oder er fragte einen Passanten nach der Uhrzeit. Lernziel: die positive Resonanz zwischenmenschlicher Interaktionen zu erleben und Schritt für Schritt wieder am sozialen Leben teilzunehmen.

Ihr eigener Elefant als nützliches Leittier

Ihr eigenes Bedürfnisquadrat wird auch Ihnen helfen, die Weichen richtig zu stellen. Eine ausgeglichenere Bedürfnisbilanz ist für Ihre Lebenszufriedenheit von entscheidender Bedeutung. Wie schon gesagt: Sie können nicht alles auf einmal ändern: Wählen Sie an dieser Stelle aus Ihrer Bedürfnisbilanz (siehe S. 120) das Bedürfnis aus, das Sie bei Berührung Ihres wunden Punktes als am meisten gefährdet oder verletzt erleben. Ordnen Sie dann diesem Bedürfnis ein anderes zu, das mit diesem in einem Spannungsverhältnis steht, also einen positiven Gegenwert darstellt (Position 2).

Beispiel:

Angenommen, Sie setzen Sicherheit auf Position 1. Welches Grundbedürfnis stünde damit für Sie persönlich in einem

Spannungsverhältnis (Position 2)? Das ist nicht allgemein zu beantworten, maßgeblich ist, ob es für Sie von Bedeutung ist. Es könnte sich etwa um Neugier oder Erprobung eigener Fähigkeiten handeln. Überdenken Sie einfach die verschiedenen Möglichkeiten anhand der Liste der Grundbedürfnisse. Kann sein, dass sich auch mehrere Bedürfnisse aneinander reiben. Entscheiden Sie sich aber erst mal für eine Gegensatzpaarung, mit der Sie weiterarbeiten wollen. Tragen Sie also das Gegenstück auf Position 2 ein. Fehlen noch die Positionen 3 und 4: Welches Verhalten bringt das Bedürfnis in dysfunktionaler Weise zum Ausdruck, dient also in erster Linie der Vermeidung einer Verletzung des Bedürfnisses von Position 1? Betrachten Sie

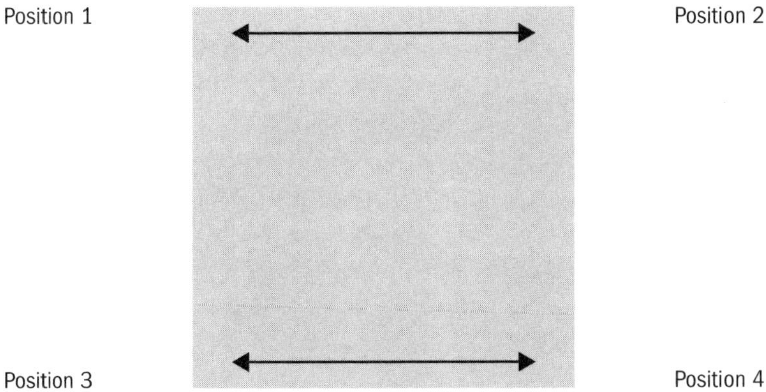

dazu Ihren Elefanten (siehe S. 142 ff., Zugang 4). Geben Sie nun diesem Verhalten und damit Ihrem Selbstschutzprogramm gewissermaßen eine Überschrift (Position 3). Überlegen Sie, ob bei Ihnen das Bedürfnis von Position 2 in einer dysfunktionalen Weise in Erscheinung tritt. Bei Neugier könnte man an Suche nach immer neuer Stimulation (Position 4) denken. Ist dieses Verhalten eventuell auch ein Aspekt Ihres Selbstschutzprogramms, etwa weil Sie keinesfalls etwas Interessantes versäumen möchten oder Sie Langeweile fürchten? Schließlich prüfen Sie, welche Positionen Ihres Bedürfnisquadrats in einem

Spannungsverhältnis zueinander stehen; wo geht es also auch um den Ausgleich von Gegensätzen?

Nun fehlen noch ein oder mehrere Entwicklungspfeile. Welche Bedürfnisse sollen in Zukunft mehr zur Geltung kommen? Am besten begnügen Sie sich erst mal mit einem Entwicklungsziel.

Mit dem Bedürfnisquadrat haben Sie ein gutes Fundament für zielorientiertes Handeln. Sie müssen es nur noch in die Tat umsetzen. Der Anfang ist schon die Hälfte des Ganzen (Aristoteles). Bedürfnisse in eine bessere Balance zu bringen, ist allerdings eine bleibende Herausforderung, denn nichts im Leben ist stabil, die Balance muss ständig neu gefunden werden.

Neues Verhalten erfordert Mut, d.h. die Überwindung von Angst. Als Starthilfe möchte ich Ihnen deshalb eine kleine Mutprobe vorschlagen:

Übung »Sich überwinden«

Tun Sie irgendetwas, wozu Sie sich überwinden müssen. Führen Sie ein schwieriges Telefonat, das Sie schon lange vor sich herschieben, übertreten Sie einen Ihrer inneren strengen Muss-Sätze, erlauben Sie sich eine kritische Meinungsäußerung, die Sie sich bisher immer verkniffen haben, gestehen Sie offen eine Schwäche oder einen Fehler ein, äußern Sie einen zurückgehaltenen Wunsch oder riskieren Sie, einmal im Mittelpunkt zu stehen.

Gebrauchen Sie Ihre Phantasie, notieren Sie sich alle Einfälle und treffen Sie dann Ihre Auswahl! Machen Sie die Mutprobe noch heute, vielleicht haben Sie ja sogar Spaß dabei und Sie bekommen Lust auf mehr. Jede kleine Angstüberwindung stärkt Ihr Selbstvertrauen: Mut erzeugt Mut!

Eine bessere Einteilung Ihrer Energie: Handeln Sie danach, was Sie wirklich erfüllt!

Erfahrungsgemäß lässt es kaum jemanden unberührt, wenn er sich vor Augen führt, wie viel Energie in Lebensanforderungen fließt, die wenig zur Erfüllung seiner wichtigen Bedürfnisse beitragen. Denken Sie z.B. an den täglichen Papierkram oder an die Flut von zu bearbeitenden E-Mails – ein ständig wachsender Verwaltungsaufwand für ein ganz normales Leben! Ja, wenn man das Leben doch nur etwas vereinfachen könnte, damit mehr Zeit für Dinge bliebe, die zu wirklicher Befriedigung beitragen können. Die Nachfrage nach Ratgebern z.B. zum Zeitmanagement ist entsprechend groß, aber jeder weiß, wie schwer es ist, eingefahrene Abläufe zu verändern und übernommene Verpflichtungen wieder abzubauen. Das viel beklagte Hamsterlaufrad steht für Anstrengungen, die einen keinen Schritt voranbringen.

Durch die Selbsterforschung haben Sie die Chance, in kleinen Schritten Ihre Bedürfnisbilanz besser auszutarieren, damit Sie nicht mehr an der falschen Stelle und mit den falschen Mitteln um etwas kämpfen, was anderenorts und auf anderem Wege leichter zu erreichen ist. Leichter heißt dabei nicht unbedingt, dass es mit weniger Energieeinsatz verbunden ist, aber bedenken Sie: *Je stimmiger das, was Sie tun, für Sie ist, je mehr es mit Ihren eigenen Fähigkeiten, mit Ihrem Wertesystem und mit Ihren wirklich wichtigen Bedürfnissen im Einklang ist, umso mehr wird es zu Ihrem Wohlbefinden beitragen.* Zielgerichtete Anstrengung mit Erfolgserlebnissen kann sogar zu einer eigenen Quelle zusätzlicher Energie werden.

Sie kennen Ihren Ist-Zustand und Sie wissen, wo Sie hinwollen. Je nachdem, welche Themen Ihr Interesse gefunden haben, verfügen Sie nun über nützliche Wegweiser zu Ihrem inneren Gleichgewicht. Damit lassen sich die folgenden Fragen beantworten:

1. In welche Bereiche fließt nach Ihrer Einschätzung zu viel Energie, ohne dass dies nachhaltig zur Befriedigung wichtiger Bedürfnisse beiträgt? (Siehe S. 129, Ihr Energieaufwand, Ist-Zustand und Tabelle mit zugeordneten Grundbedürfnissen.)
2. In welchen Bereichen wäre diese Energie angesichts Ihrer Grundbedürfnisse besser eingesetzt? (Siehe S. 129, Ihr Energieaufwand, Wunsch-Zustand und Tabelle mit zugeordneten Grundbedürfnissen.)

3. Welches Bedürfnis zeigt Ihnen Ihr Mücke-Elefant-Thema auf und mit welchem anderen wichtigen Bedürfnis steht dieses in einem Spannungsverhältnis? (Siehe S. 212 ff., Ihr Bedürfnisquadrat.)

Sie haben damit alle wichtigen Bereiche Ihres Lebens in Ihr Blickfeld gerückt. Wie bei einem Fotoapparat haben wir mit dem Zoom gespielt: Zunächst die Nahaufnahme verschiedener Elefanten (Kapitel 2), es folgte die Weitwinkelperspektive auf Ihre Gesamtbedürfnisse und Ihre Energieverteilung (Kapitel 3). Und nun fokussieren Sie den Lebensbereich, in welchem Sie konkret etwas für die Ausbalancierung der beiden Bedürfnisse, die Sie in Ihr Bedürfnisquadrat eingetragen haben, tun können. Damit sind wir wieder zum Thema Ihres Elefanten zurückgekehrt. Wenn Sie dem Bedürfnis, das zum Namensgeber Ihres Elefanten wurde, mehr Geltung verschaffen wollen, empfiehlt es sich, einen Teil Ihrer Energie anders einzusetzen.

Was steht jetzt noch einer Umverteilung Ihrer Energie in dieser Richtung im Wege?

Hindernisse, die in Ihnen selbst lagen, haben wir erkundet und einiges unternommen, um sie aus dem Weg zu räumen. Sie bestanden vor allem in den festgefahrenen Überzeugungen und den Verhaltensmustern Ihres Selbstschutzprogramms sowie in Ihrem einengenden Selbst- und Fremdbild.

Natürlich gibt es daneben auch äußere Hindernisse: Sie erleben sich vielleicht eingebunden in unabänderliche Sachzwänge und eingegangene Verpflichtungen. Wir haben gesehen, dass auch diese etwas mit Grundbedürfnissen zu tun haben können: Im beruflichen Bereich etwa dienen sie der finanziellen Sicherheit, der Vorsorge, dem sozialen Status oder der Bestätigung der eigenen Fähigkeiten, im privaten Kontext verbindet sich damit beispielsweise die Zugehörigkeit zur Familie, dem Freundeskreis oder einem Verein. Vielleicht möchten Sie von all dem nichts missen und sind bereit, den Preis fehlender Selbstbestimmung dafür zu entrichten, auch wenn Ihnen manchmal alles zu eng erscheint.

Es kann aber auch durchaus sein, dass Sie eine unausgeglichene Bedürfnisbilanz vorübergehend in Kauf nehmen, weil ein Bedürfnis für Sie im Moment im Vordergrund steht: Denken Sie z.B. an die Vorbereitung auf eine wichtige Prüfung, an einen Hausbau, an die Herausforderungen durch eine neue Aufgabe, an die Erholung nach körperlicher Erschöpfung oder einer Erkrankung, an die Erziehung von Kindern, an die Pflege naher Verwandter und ähnliche zeitweilige Prioritäten. Dann werden Sie zwar wohl derzeit einiges vermissen, nehmen aber aufgrund Ihres aktuellen Engagements eine Durststrecke in Kauf. Wenn allerdings die Zeiten spezieller und auf ein vorrangiges Ziel gerichteter Beanspruchung vorbei sind, ist es umso wichtiger, aus diesen einseitigen Anforderungen wieder herauszufinden.

In welchen Bereichen Ihrer Energieverteilung könnten Sie den beiden von Ihnen fokussierten Bedürfnissen angemessene Geltung verschaffen? Bedenken Sie zunächst kleine Veränderungsschritte, mit denen Sie gleich anfangen können.

Dazu können Sie sich an folgenden allgemeinen Empfehlungen orientieren:

- Delegieren Sie manche Aufgaben, grenzen Sie sich gegenüber einigen an Sie gerichteten Erwartungen besser ab.
- Stellen Sie sich an jedem Morgen die Frage: Was kann ich heute für mein Wohlbefinden tun? Achten Sie dabei auch die kleinen Freuden des Alltags.
- Manchmal ist Geben genauso schön wie Nehmen: Überlegen Sie sich, ob Sie jemandem mal eine Freude machen oder Ihre Hilfe anbieten könnten.
- Achten Sie in allen Bereichen auf innere Muss-Sätze und stellen Sie diese probehalber mal in Frage. Perfektionismus und andere Antreiber kann man in die Schranken weisen.
- Nehmen Sie sich Auszeiten oder Verschnaufpausen. Das füllt Ihre Batterie auf.
- Versuchen Sie, der einen oder anderen Tätigkeit, die Sie bislang als Zeitfresser empfunden haben, eine positive Seite abzugewinnen. Den Rasen zu mähen kann etwa als sportliche Betätigung erlebt werden, ein Zimmer neu zu streichen als

ästhetische Befriedigung, etwas im Haushalt zu reparieren als Bestätigung Ihres handwerklichen Geschicks.

- Vielleicht können Sie auch einmal etwas alleine unternehmen oder Sie finden bei Personen, die ähnliche Interessen haben, ein offenes Ohr. Manche Tür, die Ihnen, weil Sie nie genau hingeschaut haben, verschlossen erscheint, steht in Wirklichkeit sperrangelweit offen.
- Sprechen Sie mit Ihrem Partner oder mit engen Freunden über Ihren Energie-Wunsch-Kreis. Suchen Sie, wo immer möglich und sinnvoll, das Gespräch über Veränderungsmöglichkeiten im Sinne einer ausgeglicheneren Bedürfnisbilanz.

Und last but not least:

- Achten Sie auf die Mücken anderer. Überlegen Sie sich oder fragen Sie nach, wenn sich jemand in unerklärlicher Weise aufregt: Was könnten Sie für die Wiederherstellung seines Gleichgewichts tun? Bisweilen genügt ein Satz, der Verständnis signalisiert.

Manchmal helfen jedoch nur weiter reichende Maßnahmen:

- Könnten Sie Ihre Arbeitszeit reduzieren? Vielleicht sollten Sie auch keine Arbeit mehr aus dem Büro mit nach Hause nehmen. Oder wünschen Sie sich einen beruflichen Wechsel, weil die Anforderungen nicht Ihren Fähigkeiten entsprechen oder die Rahmenbedingungen frustrierend sind? Haben Sie sich schon mal über alternative Möglichkeiten informiert und Ihre Fühler diesbezüglich ausgestreckt?
- Wie wichtig ist Ihnen eigentlich Ihr beruflicher Aufstieg? Finden Sie auf der nächsten Sprosse Ihrer Karriereleiter wirklich das, was Sie erfüllt, oder geht Ihnen auch etwas Wesentliches verloren? Die Luft wird nun mal dünner, je höher man kommt – und die Einsamkeit größer.
- Wie wäre es, wenn Sie zumindest einen Tag in der Woche bestimmen, an dem Sie nichts arbeiten (das steht ja schon in der Bibel).
- Gibt es Menschen, mit denen Sie gerne näher bekannt würden? Oder andere Personen, die Sie irgendwie aus den Augen verloren haben? Was spricht dagegen, Ihr Interesse an einem

erneuten Kontakt zu bekunden? Verabreden Sie z.B. eine gemeinsame Unternehmung oder laden Sie diese zu sich nach Hause ein.
- Treffen Sie gewohnheitsmäßig Leute, die Ihnen nicht viel bedeuten? Es könnte neue Freiräume schaffen, wenn Sie diese Kontakte abbrechen oder einschlafen lassen.
- Gibt es Interessen oder Hobbys, die Sie aus den Augen verloren haben oder denen Sie sich schon längst mal widmen wollten? Lassen Sie sich auch von Ihren positiven Erinnerungen an frühere Zeiten anregen. Was könnte Ihnen heute noch ein kindliches Vergnügen bereiten?
- Verspüren Sie den Impuls, sich für eine gute Sache zu engagieren? Es kann sehr befriedigend sein, mit anderen Menschen ein nützliches Projekt voranzubringen.

Notieren Sie Ihre Ideen, bei denen Sie sich von Ihrer gewünschten Energieverteilung und Ihrem Grundbedürfnis leiten lassen. Am besten machen Sie sich entsprechend Ihrer Wahl einen Plan für jede Woche, nach dem Motto: »Was würde mir in den kommenden Tagen guttun und wie kann ich dies erreichen.«

Grundbedürfnis	Was kann ich tun?

Führen Sie sich nach einigen Wochen noch einmal die Fragen zu Ihren Grundbedürfnissen vor Augen.

- Haben Ihre neuen Aktivitäten etwas an dem Grad der Befriedigung wichtiger Bedürfnisse geändert?

- Kommen im Besonderen die beiden Bedürfnisse Ihres Bedürfnisquadrats in ausgeglichener Weise zur Geltung?
- Ergaben sich dadurch Änderungen in Ihrer Bedürfnisbilanz?
- Wie gestaltet sich Ihre Energieverteilung zum jetzigen Zeitpunkt?

Überprüfen Sie erneut: In welchen Bereichen trägt Ihr Bemühen wenig Früchte, wo sollten Sie also Ihre Anstrengungen zurückschrauben oder ganz sein lassen, wo lohnt es sich, mehr Energie zu investieren?

Nehmen Sie sich aus all diesen Vorschlägen, was Ihnen entspricht, und probieren Sie es aus. Würdigen Sie auch kleine Forschritte.

Bedürfnisverletzungen werden auch in Zukunft nicht ausbleiben. Bereiten Sie sich mit den angesprochenen Übungen auf die Begegnung mit Mücken vor, sodass Sie nicht mehr in das alte negative Fahrwasser geraten. Setzen Sie sich immer wieder positiv formulierte Ziele, was Sie erreichen und wie Sie in Zukunft handeln wollen (also statt negativ: »Ich möchte mich nicht mehr verletzbar zeigen« positiv: »Ich möchte meinen Bedürfnissen Geltung verschaffen« oder: »Ich möchte zunächst Abstand gewinnen« oder: »Ich möchte erst klären, worum es eigentlich geht«). Durch Ihr zielgerichtetes und eigenverantwortliches Handeln vermeiden Sie Sackgassen und finden rascher Ihr Gleichgewicht wieder. Machen Sie daraus ein Training gegen die Mückenplage!

Jeder eigenverantwortliche Handlungsschritt fördert Ihre Autonomie und stärkt Ihr Selbstwertgefühl. ›Ich kann, wenn ich will!‹ ist der Titel eines kleinen Selbsthilfebuchs des berühmten amerikanischen Psychologen Arnold Lazarus. Ich möchte diesen Satz unterstreichen und die Aussagen zur Autonomie abschließend noch einmal wiedergeben. Mögen sie Ihnen als Richtschnur für Ihr Handeln dienen:

- Ich fühle mich für mein Leben verantwortlich.
- Ich kann durch mein Handeln etwas bewirken.
- Ich kann wichtige Entscheidungen in meinem Leben alleine treffen.

- Ich achte meine Bedürfnisse.
- Ich achte die Bedürfnisse anderer.
- Ich kann berechtigte Kritik annehmen.
- Ich kann mich von anderen abgrenzen.
- Ich nehme meine eigenen Grenzen wahr und akzeptiere sie.
- Ich lebe nach meinen eigenen Werten.
- Wenn ich mir etwas vornehme, mache ich es auch.

Zum Abschluss wünsche ich Ihnen, dass es Ihnen mithilfe dieses Buches gelingt, sich und andere besser zu verstehen, sich Ihrer eigenen Stärken stets bewusst zu sein, Ihre Energie möglichst oft dort einzusetzen, wo es Sie wirklich befriedigt, und wohlwollender mit Elefanten umzugehen.

Literaturverzeichnis

Beck, A. T. / Freeman, A.: Kognitive Therapie der Persönlichkeitsstörungen. Beltz, Weinheim, 1993

Ellis, A. / Grieger, R. (Hrsg.): Praxis der Rational-emotiven Therapie. Urban und Schwarzenberg, München, 1979

Frank, R.: Glück. Lebe deine Stärken! Patmos Verlag, Düsseldorf, 2008

Gruen, A.: Der Verrat am Selbst. Die Angst vor Autonomie bei Mann und Frau. dtv, München, 1992

Hanisch, E. / Ferstl, R.: Düfte als Stimuli für angenehme Erlebnisse: Eine Möglichkeit der Selbstkonditionierung. In: Verhaltenstherapie 3, 1993

Helwig, P.: Charakterologie. Klett, Stuttgart, 1967

Kast, V.: Freuden-Biografie: Die Freuden an der Kindheit wieder erleben. In: Frank, R. (Hrsg.): Therapieziel Wohlbefinden. Springer, Heidelberg, 2007

Lazarus, A. / Fay, A.: Ich kann, wenn ich will. Anleitung zur psychologischen Selbsthilfe. dtv, München, 1993

Maslow, A. H.: Motivation and Personality. Harper, New York, 1954

Moeller, M. L.: Die Liebe ist das Kind der Freiheit. Rowohlt Taschenbuch Verlag, Reinbek, 1990

Sachse, R.: Persönlichkeitsstörungen. Psychotherapie dysfunktionaler Interaktionsstörungen. Hogrefe, Göttingen, 1999

Schulz von Thun, F.: Miteinander reden 2 – Stile, Werte und Persönlichkeitsentwicklung. Rowohlt Taschenbuch Verlag, Reinbek, 1997

Sher, B.: Ich könnte alles tun, wenn ich nur wüsste, was ich will. dtv, München, 2007

Stavemann, H.: Im Dschungel der Gefühle. Psychologische Verlags Union, Weinheim, 2001

Watzlawick, P.: Anleitung zum Unglücklichsein. Piper, München, 1983

Young, J. E. / Klosko, J. S. / Weishaar, M. E.: Schematherapie. Junfermann, Paderborn, 2005

Young, J. E. / Klosko, J. S.: Sein Leben neu erfinden. Junfermann, Paderborn, 2006

Quellenhinweise

S. 165: Sogyal Rinpoche ›Das tibetische Buch vom Leben und Sterben. Ein Schlüssel zum tieferen Verständnis von Leben und Tod‹ mit einem Vorwort des Dalai Lama, übersetzt aus dem Englischen von Thomas Geist, O. W. Barth 1993. Alle Rechte vorbehalten S. Fischer Verlag GmbH, Frankfurt am Main.

S. 182: Renate Frank ›Glück – Lebe deine Stärken‹. © 2008 Patmos Verlag GmbH und Co. KG, Düsseldorf. Nach Martin Seligman und Christopher Peterson ›Übersicht der 24 Stärken‹.

Danksagung

Nach dem Schlusspunkt zum Buchtext, nach Monaten sprudelnder und versiegender Gedanken, habe ich das Bedürfnis, mich zu bedanken bei all den Menschen, die mich im Entstehungsprozess des Buches ermutigt und begleitet haben.

Dass aus der Idee und meinem Anliegen, die lästigen Mücken des Alltags und die in ihnen verborgenen Elefanten als eine nützliche Spezies zu würdigen, ein Buch entstand, verdanke ich der langjährigen Freundschaft mit Wolfgang Balk, dessen Wertschätzung meiner therapeutischen Tätigkeit mir den Mut gab, mich an dieses Projekt heranzuwagen. Der von ihm geleitete Verlag und besonders die zuständige Lektorin, Katharina Festner, unterstützten mich in jeder Weise, wofür ich tiefen Dank empfinde. Ihre immer freundlich geäußerten Verbesserungsvorschläge waren eine unschätzbare Hilfe. Dank auch an Lisa Helm, deren Zeichnungen meine Vorstellungen treffend und witzig pointieren.

Meine Kollegin Dr. Eva Wunderer überarbeitete den Text mit fachlichem Sachverstand, unsere anregenden Diskussionen gaben mir wesentliche Impulse.

Mein herzlicher Dank gilt auch meiner Lebensgefährtin Marlene Schildmayer, die mir geduldig mit Ideen und konstruktiver Kritik zur Seite stand.

Ebenso danken möchte ich meinen FreundInnen und KollegInnen, deren Rückmeldungen sehr hilfreich waren: Hanna Still, Dr. Renate Frank, Helga Zöller, Ahmad Mohseni, Dr. Reinhardt Auer und Dr. Helmut Köhler.

Gedankliche Anregungen erhielt ich darüber hinaus in den Seminaren und Diskussionen zur Schematherapie mit Prof. Dr. Heinrich Berbalk.

Undenkbar wäre dieses Buch schließlich ohne die vertrauensvolle Arbeit mit meinen Patienten und Seminarteilnehmern in mehr als 30 Jahren, deren Erfahrungen und Gedanken ich an Sie, liebe Leserinnen und Leser, nun weitergeben kann.